Hans Kessler

Gott – warum er uns nicht loslässt

topos taschenbücher, Band 1091
Eine Produktion des Verlags Butzon & Bercker

Hans Kessler

Gott – warum er uns nicht loslässt

topos taschenbücher

Verlagsgemeinschaft topos plus
Butzon & Bercker, Kevelaer
Don Bosco, München
Echter, Würzburg
Matthias Grünewald Verlag, Ostfildern
Paulusverlag, Freiburg (Schweiz)
Verlag Friedrich Pustet, Regensburg
Tyrolia, Innsbruck

Eine Initiative der
Verlagsgruppe engagement

www.topos-taschenbuecher.de

Bibliografische Information der Deutschen Nationalbibliothek
Die Deutsche Nationalbibliothek verzeichnet diese Publikation in der Deutschen Nationalbibliografie; detaillierte bibliografische Daten sind im Internet über http://dnb.d-nb.de abrufbar.

ISBN 978-3-8367-1091-6
E-Book (PDF): 978-3-8367-5079-0
E-Pub: ISBN 987-3-8367-6079-9

Umschlagabbildung: © birdys / photocase.de
Einband- und Reihengestaltung: Finken & Bumiller, Stuttgart
Satz: SATZstudio Josef Pieper, Bedburg-Hau
Herstellung: Friedrich Pustet, Regensburg
Printed in Germany

Inhalt

Zweiter Teil

Allmacht oder Ohnmacht?
Über Gottes Wirken in der Welt

Vorwort

„Gott – warum er uns nicht loslässt“: Der Titel dieses Buches hat eine zweifache Bedeutung. Zum einen will er sagen, dass die Gottesfrage nach wie vor viele Menschen beschäftigt, auch wenn ihnen Gott abhanden gekommen ist, dass sie ihn vielleicht schmerzlich vermissen oder aber ihn radikal ablehnen und dennoch nicht von ihm loskommen; und der Titel wirft die Frage auf, woran das liegt. Zum andern kann der Titel, von einem gläubigen Standpunkt aus gelesen, die Hoffnung andeuten, dass ein Gott ist, der uns nicht fallen lässt und nicht loslässt, und er veranlasst zum Nachdenken darüber, was für ein Gott das ist oder sein müsste.

So bildet der Titel des Buches eine Klammer um seine zwei Teile.

Der erste Teil „Heute wieder von Gott sprechen – warum und wie?“ versucht zuerst im Gespräch mit Atheismus und Naturwissenschaften zu begründen, warum es vernünftig ist, mit einem Urgrund Gott zu rechnen. Sodann geht es darum, wie vom unergründlichen Gott überhaupt gesprochen werden kann, ob und inwiefern wir von Gott nicht nur vage, sondern auch inhaltlich bestimmte Aussagen machen können (wie etwa Gott sei personal, gut, gerecht, Liebe oder dreifaltig) und in welchem Sinn dies allenfalls möglich ist. Ich sage also nicht einfach: „Gott existiert, Gott ist Liebe, Gott ist dreifaltig“ – das ist ja alles nicht selbstverständlich. Ich möchte vielmehr begründen, warum, unter welchen Voraussetzungen und in welchem Sinn wir so etwas annehmen und uns existenziell darauf einlassen dürfen. Meine Frage ist durchgehend: Wie kommen wir dazu, das zu glauben?

Der zweite Teil, „Allmacht oder Ohnmacht? Über Gottes Wirken in der Welt“, markiert ein abgründiges Problem: Die Annahme, dass Gott die Geschichte lenkt, dass er in innerweltliche Abläufe eingreift, ist fragwürdig geworden. Wo bleibt Gott in all dem Leid seiner Welt? Wo war er in Auschwitz, bei Naturkatastrophen, wo ist er heute in Syrien, wo im Leid gequälter Kinder? Gott scheint ohnmächtig in der Welt. Nun kann große jüdische und christliche Theologie zwei Weisen oder Stufen unterscheiden, wie Gott in der Welt wirkt: Durch sein allgemeines oder Schöpferwirken verleihe er allen Wesen Sein, Kraft und Eigenaktivität und (er-)trage sie auch dann, wenn sie damit Schlimmes anfangen. Sein *eigentliches* oder Heils-Wirken aber werde erst dort möglich, wo Menschen ihn und seine allen geltende Güte in ihr Leben einlassen. Wartet Gott auf uns? Und wie wäre Gottes Interaktion mit der Schöpfung zu denken?

Der erste Teil geht auf Überlegungen zurück, die ich 2013 bei den *Theologischen Kursen* in Wien vorgetragen und für das vorliegende Buch überarbeitet habe. Der zweite Teil ist die überarbeitete und erweiterte Fassung eines Vortrags, den ich erstmals 2011 in der Akademie Stuttgart-Hohenheim gehalten habe.

Frankfurt/M. und Werther/Westf., im Juli 2016
Hans Kessler

Erster Teil

Heute wieder von Gott sprechen – warum und wie?

Einleitung

Ich versuche zuerst – im Gespräch mit Atheismus und Naturwissenschaft – zu begründen, warum es vernünftig ist, mit Gott zu rechnen, an ihn zu glauben, von ihm zu sprechen.

In einem zweiten Schritt möchte ich darüber nachdenken, wie wir überhaupt von Gott sprechen können, und dabei auch auf die Analogieformel des Vierten Laterankonzils eingehen. Ich möchte fragen, ob und inwiefern wir von Gott inhaltlich bestimmte Aussagen machen können (z. B. Gott ist personal, gut, gerecht, Liebe usw.).

Und schließlich möchte ich drittens bedenken, ob und warum und wie wir von Gott „trinitarisch" sprechen können.

Ich sage also nicht einfach: „Gott existiert, Gott ist Liebe, Gott ist dreifaltig" (das ist ja alles nicht selbstverständlich), sondern ich möchte begründen, warum wir das annehmen und uns existenziell darauf einlassen dürfen.

Meine Frage ist durchgehend: Woher „wissen" wir das, bzw. wie kommen wir dazu, das zu glauben?

I. Warum es vernünftig ist, mit Gott zu rechnen

Der Vorwurf der Atheisten und notwendige Gegenfragen[1]

Atheistische Religionskritiker behaupten, jede Annahme einer anderen als der rein natürlichen, physikalisch erklärbaren Wirklichkeit sei reine Illusion. Eine andere, transzendente Dimension und alles damit Verbundene (wie Hoffnung auf ein Leben der Verstorbenen, auf universale Gerechtigkeit) sei alles nichts als eine *realitätsferne Illusion, reine Wunschprojektion.*

Mit Recht sagen diese Religionskritiker: Eine bloße Wunschprojektion schafft keine Wirklichkeit, der Durst des Verdurstenden zwingt nicht die Oase herbei; „das Äußerste, was der Durst selbsttätig zu erzeugen vermag, ist die Fata Morgana." Richtig! Aber dann folgern die atheistischen Kritiker: So sei eben auch Gott eine bloße Fata Morgana, eine „Wahngestalt" (Burkard Müller), „Gotteswahn" (Richard Dawkins).

Doch diese Folgerung ist nicht schlüssig, sie ist ein *Trugschluss.* Denn: Mein jetziger konkreter Durst bedeutet zwar sicher nicht, dass es jetzt hier auch etwas zu trinken geben muss. Aber – und genau das übersehen die Kritiker – *dass es überhaupt das Phänomen Durst gibt,* besagt doch, dass es irgendwo etwas geben muss, das den Durst stillen kann, sonst wären Wesen mit Durst gar nicht entstanden; gäbe es kein Wasser, so wären in der Evolution nie auf Wasser angewiesene Wesen entstanden.

Nun haben wir Menschen aber nicht nur natürlich-vitale Bedürfnisse (nach Wasser, Atemluft, Schutz usw.) und dazu noch spezifisch humane Bedürfnisse (wie Tätig-sein-Können, Freude am Werk, Freundschaft), sondern wir Menschen haben darüber hinaus auch metaphysisch-existenzielle Bedürfnisse (nach einer Erklärung für die Existenz der Welt und des Menschen; nach Begründung des Guten, nach Gerechtigkeit und nach einem letzten Sinn) und wir haben ein entsprechendes Verlangen: eine Sehnsucht, die durch nichts in der Welt gestillt werden kann (sodass der Mensch letztlich das unbefriedigte Wesen bleibt).

Es gibt also auch einen „meta-physischen" Durst![2] Er kommt nicht von ungefähr. Gäbe es definitiv keinen letzten Sinn – wieso sollten dann Wesen mit Durst nach einem solchen Sinn entstanden sein? So gesehen wird der zum Menschen gehörende Durst nach einem letzten, umfassenden Sinn zu einem starken *Indiz* dafür, dass ein solcher Sinn (den Glaubende mit Gott verbinden) tatsächlich existiert oder – vorsichtiger gesagt – existieren könnte.

Wenn Atheisten sagen, die Annahme einer anderen, göttlichen Dimension sei *nur* unsere Wunschprojektion, *nur* unser Konstrukt, dann muss man gegenfragen: Warum ist denn der Mensch so strukturiert, dass er sich mit der vorhandenen Welt nicht zufrieden gibt, dass er – in einer (zumindest prinzipiell) endlosen Unzufriedenheit und Unersättlichkeit – über alles, eben auch über diese Welt, die Natur, den Tod, hinausfragt, hinaus-verlangt, hinaus-projiziert, dass er dies zumindest kann? Der Mensch ist ja ein erstaunliches Wesen, weil er trotz seiner radikalen Endlichkeit von einer unstillbaren Sehnsucht beseelt ist. Er ist ausgerichtet auf ein Mehr und Besser. Er kann sich –

wie die Hirnforschung zeigt – aufgrund der hochkomplexen Beschaffenheit seines Gehirns sogar auf eine andere, transzendente Dimension ausrichten.

Unser menschliches Gehirn gibt das her, wir haben diese *Möglichkeit*, nach einer anderen Dimension zu fragen, etwas zu ahnen, das alles übersteigt, etwas, das Staunen, Ehrfurcht auslöst, seiner inne zu werden, vielleicht gar es zu gewahren, es zu spüren. Warum ist das so?

Führt uns da wirklich nur unsere (Gehirn-)Konstitution in die Irre, ist das also nur unser Konstrukt (unser „Hirngespinst"), oder hat sich unsere Konstitution im Laufe der Evolution so herausgebildet, weil sie sich an eine tiefere Dimension der Wirklichkeit herantastet, sich ihr annähert? Ist das Gottesbewusstsein also nur ein zufälliges Nebenprodukt der Evolution oder doch das Ergebnis einer Entsprechung zu einer tieferen Schicht der Realität?[3]

Sind wir vielleicht so gebaut, so voller Durst nach Dauer, Liebe, Gerechtigkeit, Sinn, *weil* es – am Grunde von allem – eine andere Wirklichkeit gibt, die uns hat entstehen lassen, auf sich hin (als unsere wahre Sinn-Erfüllung), sodass wir deswegen unablässig auf der Suche sind und uns dabei oft an Dingen festmachen, die uns enttäuschen müssen, weil sie das nicht halten können, was wir uns fälschlich von ihnen versprechen, sondern ein Versprechen auf *mehr* sind? Stimmt es vielleicht, was Augustinus (zu Beginn seiner *Confessiones*) so sagte: „Du [Gott] hast uns auf dich hin erschaffen, und ruhelos ist unser Herz, bis es seinen Halt findet in dir" (und zwar nicht erst im Tod, sondern jetzt schon)? Stimmt, was Kierkegaard sagte: „Gottes zu bedürfen ist des Menschen höchste Vollkommenheit"?[4]

Die Frage bleibt theoretisch unentscheidbar; jeder entscheidet sie selbst mit seiner praktischen Lebensoption, mit seinem Lebensexperiment. Beide, der Glaube an Gott wie der Atheismus, sind eine Option (eine Entscheidung darüber, wie ich leben möchte, was mir wichtig ist), eine Selbstfestlegung und ein Lebensexperiment, und keiner von beiden hat eine beweisbare Sicherheit, ob seine Option sich als richtig erweisen wird.

Der französische Philosoph André Comte-Sponville schreibt in seinem Buch „Woran glaubt ein Atheist?" (Zürich 2008): „Ich habe keine Beweise. Niemand hat welche. Aber ich habe eine bestimmte Anzahl von Gründen und Argumenten, die *mir* stärker erscheinen als jene, die für das Gegenteil sprechen. [...] Ich behaupte nicht, zu *wissen*, dass Gott nicht existiert; ich *glaube*, dass er nicht existiert" (88). „Wenn Sie jemanden treffen, der behauptet: ‚Ich *weiß*, dass Gott nicht existiert', ist das kein Atheist, sondern ein Idiot." Entsprechend sei aber auch jemand, der behauptet: „Ich *weiß*, dass Gott existiert", kein wahrhaft Gläubiger, sondern ein Idiot, der Glauben mit Wissen verwechselt (89).

Atheismus und Gottesglaube: Beides ist eine (existenziell verankerte) Deutung des Ganzen der Wirklichkeit; eine umfassende Weltdeutung und eine Entscheidung; beides ist ein Versuch, mit der Welt und dem Leben und allem, was uns begegnet, zurechtzukommen, ein Glaube!

Und der Deutungsversuch, der mit Gott rechnet, hat da keine schlechten Karten. Denn wenn man die Frage stellt, warum wir so gebaut sind (so voller Durst nach Dauer, Gerechtigkeit, Sinn) und warum unser Gehirn so ist, dass wir in der Lage sind, am Rande unserer Wahrnehmungsfähigkeit noch eine ganz andere, transzendente Dimension zu ahnen – wenn man diese Frage nicht verdrängt, sondern aushält, dann kann eine erweiterte, tiefere Weltsicht plausibel werden, eine Weltsicht, die mit einer ganz anderen Dimension rechnet, mit einer Wirklichkeit, die alles Weltartige übersteigt.

Vielleicht läuft ja die evolutive Entwicklung auf eine immer größere Sensitivität der Lebewesen (also hin zu Empfindungsfähigkeit, zu Fürsorge, zu Liebesfähigkeit, zum Wir) zu, und vielleicht ist sie ja die Entwicklung hin zur Fähigkeit, eine andere, transzendente Dimension zu ahnen, ihrer inne zu werden, vielleicht ist das alles ja kein bloß zufälliges Nebenprodukt der Evolution, sondern ihr tiefster Sinn.

Nun bestimmt heute die (Natur-)Wissenschaft weithin die Sicht der Welt und von uns selbst. Und viele meinen, sie könnten ihren Atheismus mit der (Natur-)Wissenschaft begründen. Sie sagen: Die Wissenschaften erklären doch alles, Gott ist überflüssig, wir brauchen keinen Gott. Sehen wir deshalb näher hin.

Was erklären die Wissenschaften und was will die Frage nach Gott?

1. Die Wissenschaften erklären *ein* endliches Faktum durch ein anderes und dieses wieder durch ein anderes, usw., und sie verbleiben dabei *innerhalb* der Welt bzw. innerhalb einer weltartigen Größe. Das gilt auch für die physikalische Theorie vom Urknall, weil auch ein Urknall etwas voraussetzt, das explodieren konnte.[5] Alle kosmologischen Theorien müssen etwas (Weltartiges) voraussetzen, aus dem das Universum entstanden sei (z. B. ein Quantenfeld oder -vakuum, in dem sich Fluk-

tuationen abspielten).[6] Alle wissenschaftlichen Erklärungen beschreiben also regelhafte Funktionszusammenhänge zwischen endlichen Ursachen *innerhalb* der Welt, und dazu brauchen sie nicht „die Hypothese Gott".

Der bekannte Münchener Astrophysiker Harald Lesch sagt: „Die Physik ist nur zuständig für die Innenarchitektur des Kosmos; sie ist nicht zuständig für einen Plan oder einen Planer (Schöpfer), dazu haben wir nichts zu sagen; wir leben von Ursache-Wirkungs-Zusammenhängen, das ist unser Ding. Wenn Kosmologen von Gott faseln, ist das eine Grenzüberschreitung. In physikalischen Gleichungen kommt Gott nicht vor, aber das schließt nicht aus, dass Gott existiert." (in BR2-Radio, Ostern 1. 4. 2007).

2. Von der Ebene der Wissenschaften muss man also klar unterscheiden die *meta-wissenschaftliche Ebene* der umfassenden Weltdeutung und damit auch der Religion: Die Annahme eines Gottes als Urgrund (oder Schöpfer) der Welt will nicht das wissenschaftliche Fragen nach Ursache-Wirkungs-Zusammenhängen innerhalb der Welt beenden; das kann ungehindert weitergehen. Wer nach Gott fragt, fragt – recht verstanden – nicht zurück nach einer ersten Ursache, fragt nicht nach dem ersten Glied einer Kette von Ursachen, sondern er fragt nach dem *Grund der ganzen Kette*, also nach dem, was die Kette als ganze begründet und trägt – und zwar in jedem ihrer Zustände (ob vor oder nach dem Urknall).

Das haben Stephen Hawking, Richard Dawkins und viele andere nicht verstanden. Hawking fragte: Wenn das Universum ohne Anfang und Rand ist, „wo wäre da noch Raum für einen Schöpfer?"[7] Als ob ein Schöpfer-Gott – wie ein menschlicher Schöpfer und empirischer Gegenstand – auf der empirischen

Ebene der Welt einen ausgesparten Raum bräuchte, gleichsam als erstes Glied der Kette, wo er doch ganz anders zu denken ist, nämlich als transzendentaler Grund der ganzen Kette. Und wenn Dawkins meint, die Annahme eines göttlichen Gestalters werfe „sofort die weitere Frage auf, wer den Gestalter gestaltet hat“[8], dann denkt er auf der Ebene einer endlichen Ursachenkette, aber am christlichen Schöpfergott als Urgrund der ganzen Kette zielt er schon im Ansatz vorbei.

Die Wissenschaften befassen sich mit der Innenarchitektur des Kosmos, sie fragen nach Ursachen auf der *empirischen* Ebene und müssen dabei immer schon Realität voraussetzen. Die Metaphysik hingegen und die Religion fragen nach dem alles tragenden Ur-Grund, also nach einer fundierenden oder *transzendentalen* Ebene. Zwischen beidem muss man scharf unterscheiden: zwischen *Ursachen in* der Welt und dem tragenden *Grund* des Ganzen.

Wer Gott sagt, will nicht Ursache-Wirkungs-Zusammenhänge *in* der Welt erklären, sondern will auf den Grund des Ganzen verweisen, will das *Sein* (den Sprung vom Nichtsein zum Sein), das *Faktum* der Welt selber und seinen Sinn verstehbar machen.

Der bedeutende Wissenschaftsphilosoph Ludwig Wittgenstein (1889–1951) hat notiert: „Nicht *wie* die Welt ist, ist das Mystische, sondern *dass* sie ist.“ Wittgenstein kann *staunen* über die *Existenz* der Welt und (mit Leibniz, Schelling, Heidegger) sagen: „‚Wie sonderbar, dass überhaupt etwas existiert‘ oder ‚Wie seltsam, dass die Welt existiert.‘“ Und er kann folgern: „An einen Gott glauben, heißt sehen, dass es mit den Tatsachen der Welt noch nicht abgetan ist.“ Und weiter: „Wir fühlen, dass selbst wenn alle möglichen wissenschaftlichen Fragen beantwortet sind, unsere Lebensprobleme noch gar nicht berührt sind."[9]

Wer dagegen solche Lebensprobleme und tiefer gehenden Fragen, weil sie wissenschaftlich nicht beantwortbar sind, als sinnlos abtut, der leidet an Blickverengung, er hat einen Tunnelblick auf die Wirklichkeit.

Es ist ein Trugschluss zu glauben, die einzig möglichen Erklärungen seien wissenschaftlicher Art. Wer aus Naturwissenschaft (mit ihrer begrenzten Perspektive) eine totale Weltanschauung macht, glaubt, er hätte verstanden, *was* etwas ist (z. B. ein Kind) und *warum* und *wozu* es ist, wenn er verstanden hat, *wie* es *entstanden* ist (genetic error) und wie es funktioniert.

Die Annahme Gottes als Urgrund oder Schöpfer

Wer an Gott glaubt, der nimmt eine Wirklichkeit an, die die Welt übersteigt und die alles Welthafte in seinem Sein begründet und trägt.

Diese Annahme wurzelt in der merkwürdigen *Erfahrung der Kontingenz* (d. h. des Nicht-notwendig-da-Seins). Diese Erfahrung der Kontingenz geht uns an unserem eigenen Menschsein auf (an seiner radikalen Faktizität), wenn ich z. B. verwundert innewerde, dass ich existiere, wo ich doch auch nicht da sein könnte (oder wer anderer); *es hätte mich nicht geben müssen.* Wir erfahren uns als *Gegebenheit*, durch Geburt und Tod begrenzt, des Anfangs und Endes nicht mächtig. Und wir können entdecken, dass es nicht nur mit uns so steht: Nicht nur ich bin nicht notwendig da, auch all die anderen Dinge, die entstehen und vergehen, sind nicht notwendig da, sie könnten genauso gut auch *nicht* da sein (oder es könnten andere statt ihrer da sein). Und so kann man schließlich entdecken: Auch das Welt-Ganze (das Ganze des Entstehens und Vergehens) ist nicht notwendig da (wie z. B. auch der atheistische Philosoph John Mackie zugibt).

Diese Grunderfahrung, dass wir und alle Dinge nicht notwendig da sind, ist es, die in der Menschheitsgeschichte zur Intuition und Ahnung von einer Wirklichkeit führt, die selber nicht geworden ist, die notwendig da ist und die alles Gewordene in seinem Sein begründet: die indischen Veden sprechen von dem „Einen, das, ohne Atem zu holen, atmet", der Taoismus und der Buddhismus sprechen von dem „Ungewordenen" (nicht von Gott!), die Bibel spricht vom Schöpfer, dem Creator, der kreative Wesen ermöglicht.

So heißt es z. B. im Psalm 90: „Fürwahr, du bist unsere Zuflucht von Geschlecht zu Geschlecht. Ehe denn die Berge wurden und die Erde und die Welt geschaffen wurden, bist du, Gott, von Ewigkeit zu Ewigkeit. Tausend Jahre sind vor dir wie der Tag, der gestern vergangen ist. Unser Leben währt siebzig Jahre, und wenn's hoch kommt, sind es achtzig, rasch ist es vorbei, als flögen wir dahin." Aber in und über allem, was wird und wankt und vergeht, ist eine andere Wirklichkeit, die nicht wankt, die beständig und wie nichts sonst verlässlich ist: der Ewige, der Heilige, der Unergründliche, der Schöpfer – der Unvergleichliche, für den es nichts Vergleichbares in der Welt gibt.

Der Schöpfer-Gott ist etwas ganz anderes als alle menschlichen Schöpfer von Kunstwerken usw. Menschliche Schöpfer

Liebe Leserin, lieber Leser,

vielen Dank, dass Sie dieses Buch gekauft haben. Gerne informieren wir Sie regelmäßig über unser Programm. Schicken Sie uns einfach die ausgefüllte Karte zurück oder senden Sie diese als Fax. Sie erhalten dann die neuesten Informationen zu unserem Programm per Post bzw. per E-Mail.

❍ Senden Sie mir bitte Ihren Neuheitenprospekt
❍ einmalig ❍ regelmäßig
❍ Informieren Sie mich bitte per E-Mail über Ihre Neuerscheinungen

Datum, Unterschrift

Bitte per Post senden oder als Fax: 0 28 32/929-139

Vorname, Name

Straße, Hausnummer

PLZ, Ort

E-Mail

Porto
zahlt
Empfänger

Deutsche Post
ANTWORT

Topos Taschenbücher
Herrn Dr. Berthold Weckmann
Hoogeweg 100
47623 Kevelaer
Deutschland

Sie können uns helfen, Ihre Wünsche und Anregungen künftig noch besser zu berücksichtigen. Dazu beantworten Sie uns bitte folgende Fragen. Als kleines Dankeschön verlosen wir unter allen Einsendern viermal im Jahr ein Buchpaket mit 10 frei auswählbaren Büchern.

Diese Karte habe ich dem Buch entnommen:

____

Ich bin auf dieses Buch aufmerksam geworden durch:

- ❍ Prospekt __________
- ❍ Anzeige in __________
- ❍ Buchbesprechung in __________
- ❍ Empfehlung von Freunden/Bekannten/Kollegen
- ❍ Homepage des Verlags __________
- ❍ Internet allgemein __________
- ❍ Buchhandlung __________
- ❍ Ich habe das Buch geschenkt bekommen

Wie hat Ihnen das Buch gefallen?

❍ sehr gut ❍ gut ❍ mittelmäßig ❍

Mich interessieren aus dem Programm besonders:

- ❍ Topos Premium
- ❍ Geschenk
- ❍ Lebenswissen – Lebenssinn
- ❍ Spiritualität
- ❍ Sachbuch
- ❍ Biografien
- ❍ __________

Zu diesem Thema sollte Topos Taschenbücher ein Buch in sein Programm aufnehmen:

____

Weitere Anmerkungen:

sind immer auch *bedingt* und *abhängig* von anderem. Hier aber geht es um ein nicht mehr durch etwas anderes Bedingtes, um eine „absolute Bedingung“, „die selbst kein Bedingtes ist“[10], um den absoluten Ur-Grund, der keines anderen Grundes mehr bedarf, um den *Grund überhaupt*, den *Urgrund* und *Abgrund*.

Nun sagen freilich manche: „Das Universum hat keinen Grund“ (Gero von Randow in der ZEIT), es „ist einfach da“ (Stephen Hawking[11]). Aber so einfach ist die Sache nicht. Es gibt nämlich nicht nur die *Ahnung* von einem Urgrund und nicht nur den philosophischen *Grenzbegriff* von einem absoluten Urgrund[12], sondern es gibt auch etliche *Argumente*, die dafür sprechen, dass die Welt nicht einfach da ist (und sich völlig selbst erklärt)[13], dass die Welt vielmehr einen von ihr zu unterscheidenden Grund hat. Ich will nur zwei[14] solcher Argumente nennen:

1. Im Menschen kommt ein Teil der Natur zu reflexem Selbstbewusstsein und zu unbegrenzter Welt-Offenheit. Die Zecke ist nicht unbegrenzt weltoffen, der Hund auch nicht. Aber der Mensch ist offen für das Ganze der Wirklichkeit.

Der Mensch kann allem fragend gegenübertreten, er kann auch sich selbst und dem Ganzen fragend gegenübertreten und kann auch nach dem Grund (und Sinn) des Ganzen fragen. Wie aber ist so etwas möglich? Wie soll „die Natur“ (die Materie, die Welt) ein Wesen hervorbringen, das auch über sie (über Natur, Materie, Welt) hinausfragen kann? Dieses – über die Natur (und die Totalität der Welt) hinausschießende – Mehr muss doch irgendwoher kommen. Wie soll es allein aus der Natur (der Evolution, der Welt) kommen, wenn es über sie überschießt? Der Mensch kann dann nicht einfach nur Produkt der Welt (der Natur, der Materie) sein. Ist das nicht ein Indiz dafür, dass das All nicht alles ist? Ein Argument für die Annahme eines die Welt begründenden Urgrunds, eines großen Ermöglichers, der auf einen geschöpflichen Partner hinaus will, der nach ihm fragen und für ihn offen sein kann (und durch den er in der Welt wirken kann)?[15]

Dass es so sein könnte, dafür spricht auch das zweite Argument, das ich nennen möchte:

2. Die Evolution ist von Anfang an ein Drahtseilakt voll extremer Unwahrscheinlichkeiten, ohne die Leben und menschliches Leben nie möglich geworden wären. Ich nenne einige dieser Merkwürdigkeiten und Unwahrscheinlichkeiten:

Da ist zunächst Feinabstimmung der vielen Naturkonstanten in den frühesten Nanosekunden nach dem Urknall (37 Naturkonstanten kennt man inzwischen): Wenn auch nur eine der vielen Naturkonstanten, z. B. die Schwerkraft, sich bei einem geringfügig anderen Wert eingependelt hätte, wäre im Kosmos nie Leben möglich geworden. Dann gibt es weitere Unwahrscheinlichkeiten wie die Bildung gerade der für Leben notwendigen Stoffe im heißen Inneren der Sterne; dann die geradezu ausgeklügelte Konstellation Sonne-Erde-Mond-Jupiter, dessen große Masse Asteroiden von der Erde ablenkt; und mit ihrem Mond hat die Erde einen übergroßen Trabanten, der ihr eigentlich gar nicht „zusteht" (sagt Harald Lesch) und der die Erdachse stabil hält. Ohne den Mond wäre die Erde so lebensfeindlich wie der Mars („guter Mond"!). Und weiter: Die Erde rotiert täglich um ihre Achse (sodass sie sich nicht auf der einen Seite auf 400–500°C aufheizt wie der Merkur oder die Venus, die sich sehr langsam um ihre Achse drehen). Und dann die Erdgeschichte mit einer lebensgünstigen Temperaturschwankung seit Jahrmilliarden (trotz enormem Vulkanismus; der müsse durch irgendwelche extra-terrestrischen Vorgänge ausgeglichen worden sein, sagen Geowissenschaftler, und einer nimmt das Wort „Wunder" in den Mund, das er, darauf angesprochen, dann aber lieber nicht gesagt haben will), usw. usw. –

Lauter extrem unwahrscheinliche, staunenswerte Vorgänge, in denen, wer *will*, eine Absicht sehen kann(wer *nicht* will, ist nicht dazu gezwungen!), staunenswerte Vorgänge, in denen Glaubende das göttliche „Es werde" sehen können.[16]

Ich sagte: Wer *nicht* will, ist nicht dazu gezwungen, ein göttliches „Es werde" anzunehmen! Er kann sagen: Zufall, vielleicht gibt es ja unendlich viele Welten, und darunter zufällig die unsere. Nur ist damit das Problem nur verschoben. Denn die Frage kehrt wieder: Wer oder was hat dann die vielen Welten (Multiversen) ermöglicht? Vielleicht doch ein göttliches „Es werde"?

Jedenfalls ist die Auskunft unbegründet, man brauche Gott nicht, um die Existenz unseres Universums und die Existenz des Menschen zu erklären.[17] Denn dafür, dass überhaupt eine Welt existiert, hat der Atheismus letztlich keine Erklärung, erst recht nicht für einen eventuellen Anfang der Welt.[18] Und der Atheismus hat auch keine Antwort dafür, dass sich nach dem Urknall die vielen (mindestens 37) Naturkonstanten des Universums alle zusammen mit genau den Werten eingependelt haben, dass (menschliches) Leben möglich wurde; der Atheismus hat dafür entweder keine Erklärung oder – wie gesagt – nur eine arg spekulative: Es könnte ja vielleicht unendlich viele Parallel-Welten geben (die sich nie nachweisen lassen), unter denen dann zufällig unsere sein soll; aber damit ist wie gesagt das Problem nur verschoben.

Nebenbei: Wer an Gott glaubt, kann auch der Idee vieler Welten gelassen begegnen: Unzählig viele Universen, darunter unser Universum, darin unzählig viele Galaxien (nach heutigem Kenntnisstand 10^{11} Galaxien), darunter unsere Galaxie (die „Milchstraße"), und in ihr unzählig viele Sonnen, darunter unsere Sonne mit diesem wunderschönen blauen Planeten – der Aufwand, den Gott mit uns macht, wäre noch staunenswerter und Gott noch unendlich größer, als Frühere geahnt haben (z. B. Ps 8: „Wenn ich schaue den Himmel, den Mond und die Sterne: Was ist doch der Mensch, dass du seiner gedenkst ...").

Wer Gott voraussetzt, der hat für die Existenz der Welt eine gute Erklärung und ebenso für einen eventuellen Anfang der Welt. Und er hat auch eine gute Erklärung für dieses unglaublich fein abgestimmte Universum, in dem Leben und Menschsein möglich sind, und für die vielen anderen (so unwahrscheinlichen) Drahtseilakte der Evolution dorthin.

Übrigens konnten schon griechische Kirchenväter evolutiv denken; so sagt z. B. der Bischof Gregor von Nyssa (in Kappadokien) um 380 in seiner Auslegung von Genesis 1 (dem Schöpfungslied mit den sieben Tagen, d. h. sieben Strophen), Gott habe „nicht das Einzelne" geschaffen, sondern „eine gewisse Keimkraft zur Entstehung des Alls grundgelegt", eine Keimkraft *(dynamis tis spermatikä)*, aus der sich das Einzelne nach und nach entfaltet hat.[19] Ähnlich sein Bruder Basilius der Große oder später dann Nikolaus von Kues an der Mosel (1401–1464).

Kurzum: Der Gottesglaube hat für seine Annahme eines göttlichen Urgrunds keine schlechten Argumente. Dieser Glaube wurzelt in Erfahrungen und – er kann sich im Leben als tragfähig bewähren.[20] Es ist nicht unvernünftig, an Gott als Urgrund oder Schöpfer der Welt zu glauben. Aber es bleibt ein Glaube (eine Entscheidung ohne letzte beweisbare Sicherheit, kein arrogantes Besserwissen, aus dem man absolute Geltungsansprüche gegen andere ableiten dürfte). Ich bin so frei zu glauben. Und ich darf mit gutem Grund an Gott als Urgrund des Weltganzen und aller Welt glauben, darf mit ihm rechnen. Das gibt Halt und dem Leben Sinn, auch wenn es mir nicht die Sorgen und Abgründe erspart, aus denen ich zu ihm rufe.

II. Wie aber können wir von Gott reden?

Der göttliche Urgrund ist für uns unergründlich

Bis jetzt habe ich eigentlich nur von dem Urgrund gesprochen, der alles Weltartige übersteigt und deswegen für uns unergründlich ist[21]: „das unbegreifliche Geheimnis“ (Karl Rahner).

Augustinus (354–431) hat um 400 in seinem Sermo 52 gesagt: „Si comprehendis, non est Deus. Wenn du's begreifst, dann ist es nicht Gott, wenn du begreifen konntest, so hast du etwas anderes für Gott gehalten, dich durch dein Denken täuschen lassen.“

Und Anselm von Canterbury (1033–1109) hat um 1100 in seinem Proslogion (2 bzw. 15) geschrieben: Gott ist nicht nur das, „über das hinaus nichts Größeres gedacht werden kann“, sondern „noch größer als gedacht werden kann“ – aber genau das vermag unsere Vernunft noch zu denken und zu erkennen.

Mit „Gott“ meinen wir also eine Instanz, die noch größer ist, als gedacht werden kann; wir können daher nur auf sie *hin-denken*, sie aber nicht mit unserem Denken umgreifen.

Deswegen hat das *Vierte Laterankonzil* im Jahre 1215 (das größte Konzil im ganzen Mittelalter, mehr als vierhundert Bischöfe nahmen teil) für das Denken und Reden von Gott eine grundlegende Wegweisung formuliert (die sog. Analogie-Formel):

„Zwischen dem Schöpfer und dem Geschöpf kann man keine so große Ähnlichkeit feststellen, dass zwischen ihnen nicht eine *noch größere Unähnlichkeit* festzustellen wäre." (DH 806)

D. h.: Wenn wir eine Ähnlichkeit zwischen Gott und Mensch annehmen, dann müssen wir eine noch größere Unähnlichkeit annehmen. Wenn wir also sagen, Gott sei „vollkommen" oder „gut" oder „gerecht" oder „die Liebe", so ist Gott dem, was wir mit diesen Begriffen sagen, immer unähnlicher als ähnlich; er übersteigt alle Vergleiche ins Unbegreifliche hinein. Das Vierte Laterankonzil formuliert: „Wir glauben und bekennen [...], dass es eine höchste Wirklichkeit gibt, und zwar eine unbegreifliche und unaussprechliche ..." (DH 804)

Fünfzig Jahre später hat deshalb Thomas von Aquin (1225–1274) erklärt, von Gott könnten wir zwar sagen „an est", ob er ist und dass er ist (ja, es ist ein Gott, aus dem und zu dem hin alles ist), aber wir können nicht sagen „quid est", was er ist; wir könnten *eher sagen, was er nicht ist*, als was er ist.[22]

Trotzdem hat Thomas ein gewaltiges theologisches Werk geschaffen und vieles von Gott gesagt; dazu kam er von der Heiligen Schrift und von Jesus Christus her. Aber sein letztes Werk, die Theologische Summe, bricht mitten im dritten Buch ab. Warum? Eines Morgens, am 6. Dezember 1273, hatte er bei der Eucharistiefeier ein ekstatisches Erlebnis. Erschüttert kam er danach in seine Arbeitszelle, legte all seine Schreibgeräte beiseite und sagte seinen Mitarbeitern, die ängstlich nach dem Sinn seines Tuns fragten: „Ich kann nicht mehr, denn alles, was ich geschrieben habe, scheint mir wie Stroh zu sein." Danach hat Thomas keine einzige Zeile mehr geschrieben oder diktiert. Der Einfall Gottes in seine Existenz, das existenzielle Ergriffenwerden von der Gegenwart des wirklichen Gottes (nicht bloß eines gedachten Gottes) ließ all die Gedankengebäude blass und leer erscheinen.

Da stehen wir nun: Sollen wir vor Gott *schweigen*? *Von* Gott schweigen, wie manche in einer radikalisierten negativen Theologie meinen?

Ich denke, gerade, wenn man ernstnehmen will, dass Gott das grenzenlose, unergründliche Geheimnis ist, wird man nicht einfach von ihm schweigen dürfen.

Denn wenn wir von Gott nur noch schweigen würden, woher wüsste man dann 1) überhaupt, dass man *von Gott* schweigt? Und 2) denken wir dann auch nicht mehr an den, von dem und zu dem wir nicht mehr sprechen, sondern liefern uns alternativlos den uns beherrschenden innerweltlichen Horizonten und Mächten aus, dem Zeitgeist, dem Konsumgeist, der Unterhaltungsindustrie, einer letzten Sinnleere. Deshalb ist 3) mit bloßem Schweigen von Gott für unsere Lebensprobleme inhaltlich gar nichts gewonnen.

Man wird also zuerst behutsam die Möglichkeiten unseres Denkens und Sprechens ausschöpfen müssen, damit man dann auch vor Gott zum Schweigen kommt.

Was können wir von dem unbegreiflichen Gott überhaupt sagen?

Wenn wir von dem unergründlichen Urgrund Gott eher sagen können, was er *nicht* ist, als was er ist, dann können wir von ihm vor allem sagen: „Gott ist *nicht* endlich“, also *un-endlich;* er ist „*nicht* bedingt“, also *unbedingt;* er ist „*nicht* geworden“, also *ungeworden* (auch der Buddha, der die sterblichen Hindu-Götter ablehnt, nimmt ein Ungewordenes und Unvergängliches an!).

Wenn es um den unergründlichen Urgrund geht, um das unbegreifliche Geheimnis Gott, das noch größer und tiefer ist, als gedacht werden kann, und wenn wir eher sagen können, was er *nicht* ist, als was er ist, dann muss man – noch ganz unabhängig davon, ob man (etwa von der Offenbarung in Jesus Christus her) sonst noch inhaltlich etwas von Gott sagen kann – auf jeden Fall dies eine festhalten: Gott ist *nicht* endlich, *nicht* begrenzt. Damit hat man aber schon einiges gesagt. Denn „Gott ist nicht begrenzt“, das bedeutet doch auch Folgendes:

1. Er kann nicht kleiner sein als der Kosmos, sondern nur noch größer als der gewaltige Kosmos, er transzendiert und umgibt alles *(Transzendenz)*; es gibt überhaupt kein Außerhalb Gottes, alles kommt schon immer in der unendlich aufgespannten Weite Gottes vor. Deshalb kann die Bibel sagen: „In ihm leben wir, bewegen wir uns und sind wir“ (Apostelgeschichte 17,28), oder: „Von allen Seiten umgibst du mich“ und alles (Psalm 139); in der Tradition und auch in andern Religionen gibt es dafür naturale Bilder wie grenzenloser Himmel, unendliches Meer, Ursprung und Quelle usw. – Weiter: Gott ist nicht endlich, nicht begrenzt, das bedeutet:

2. Er kann nicht getrennt sein von der Welt (sonst wäre er ja durch die Welt begrenzt, also wieder endlich). Wenn aber Gott nicht getrennt von der Welt sein kann, dann umgibt er nicht nur alles, dann muss er auch allem ganz nah und in allem drin sein. Thomas von Aquin sagte: Er ist „zuinnerst“ (intime) in allem als das, was „allem Sein, Kraft und Eigenaktivität verleiht“. Die Bibel (ähnlich andere Religionen) verwendet Metaphern wie Atem, Lebenskraft: „Der Atem [oder Geist] des Herrn er-

füllt das All“; „... in allem ist dein unvergänglicher Geist“ (Weisheit 1,7; 12,1; vgl. Jesaja 6; Jeremia 23,24 u. a.) *(Immanenz)*. –

3. Wenn man wirklich ernst nehmen will, dass Gott der nicht endliche Urgrund aller Welt ist, also auch der Urgrund von personalen Wesen wie wir, dann kann man zwar sicher nicht sagen, Gott sei Person so, wie wir endliche Personen sind, aber dann wird man festhalten müssen, dass Gott *nicht weniger als personal* sein kann, dass er die Qualität des Personalen (d. h. Intelligenz, Beziehungsfähigkeit, Freiheit) in sich hat, und zwar in eminenter Weise, sonst könnte er nicht Urgrund von personalen Wesen sein; dass er also gerade nicht unterpersonal sein kann (bloß unpersönliche Energie), eher überpersonal (Tillich: Meta-Person, Teilhard: surpersonel), eine Art großes Ich oder Du, gleichsam ein in uns und um uns schwingendes unfassliches Du (wofür personale Metaphern gebraucht werden wie Stimme, Herr, Hirt, Vater, Mutter, Freund). Ich darf den göttlichen Urgrund also anreden, und – er könnte so frei sein, *uns* anzureden. Dazu später mehr.

Ich bin also davon ausgegangen, was Gott *nicht* ist (nicht endlich, nicht begrenzt), und bin von da aus zu den darin enthaltenen drei Aspekten (transzendent, immanent und nicht unter-personal) gekommen. Diese drei noch sehr formalen Aspekte muss man festhalten, wenn man vom nicht endlichen Gott sprechen will (und nicht von einem endlichen, selbstgemachten Götzen)!

Eine kleine Zwischenbemerkung: Viele lehnen Gott ja ab, weil sie unter „Gott“ ein sehr endliches, von Menschen erfundenes Wesen verstehen und weil sie halt „nicht an Geister oder Elfen oder den Osterhasen glauben – oder an Gott“ (so der atheistische Philosoph Daniel Dennett) oder an Götter, Geister und andere Fantasiewesen (so der atheistische Anthropologe Pascal Boyer). Doch damit gehen sie an der Sache vorbei.

Denn in einem reflektierten biblisch-christlichen Glauben meint das Wort „Gott“ etwas ganz anderes als irgendwelche endlichen Größen (Götter, Geister oder sonstige übernatürliche Flatterwesen), nämlich eine *unendliche* und völlig *einzigartige*, eine singuläre Größe. Unsere Sprache ist inadäquat: Wenn sie vom Wort „Gott“ einen Plural „Götter“ bilden kann, konterkariert sie sofort alles, was mit dem Singular Gott gemeint ist: eben der Grund des Ganzen (siehe oben), der *absolute Urgrund*, aus dem alles hervorgeht und der allem ko-präsent (an allem unmittelbar dran) ist. Das bedeutet: Wir müssen mit einer ganz anderen Dimension und Wirklichkeit rechnen, die *all-gegenwärtig* ist. Und zwar nicht bloß als ein vages Fluidum, in dem alles schwimmt und schwebt, sondern als *ein Wer, ein Ich, ein Du.*

Das All ist nicht alles, da ist noch wer. Wie bei Mose am Dornbusch, sodass er nur noch die Schuhe ausziehen und sich niederwerfen kann, fasziniert und erschüttert.

Der hebräische Gottesname JHWH („Jahwe“) ist von starker Aussagekraft. Nach der biblischen Deutung in der Dornbusch-Erzählung Exodus 3,14 bedeutet JHWH *„Ich bin da*, als der ich da bin“ und „da sein werde“. Gott – ein „Ich bin da“, aber „Ich bin da, *als* der ich da sein werde“, d. h. euch allen unverfügbar. Ihr könnt mich nicht dingfest machen und in eure Kalküle einsetzen, ihr könnt euch mir nur selber öffnen. Martin Buber erläutert: Ihr könnt mich nicht beschwören (wenn euch eine Not plötzlich beten lehrt und ihr einen kleinen Beschwörungszauber veranstaltet), aber ihr braucht mich auch nicht zu beschwören, denn ich bin da, verlässlich da. Das große ewige Du, ein in uns und um uns und neben uns schwingendes unfassliches Du, *dichteste Gegenwärtigkeit.*[23]

„Gott ist gegenwärtig, alles in uns schweige und sich innigst vor ihm beuge" (heißt es in einem Lied des evangelischen Mystikers Gerhard Tersteegen). Gott ist „da", – und Beten ist der Versuch, dieser Gegenwart innezuwerden (und alles – die Welt, uns selbst, die andern – in diesem Anderen zu schauen).

Zurück zu unserem Zusammenhang: Ich hoffe, es ist deutlich geworden: Die drei noch sehr *formalen* Aspekte (transzendent, immanent und nicht unterpersonal) muss man festhalten, wenn man vom all-gegenwärtigen *nicht endlichen* Gott sprechen will.

Damit ist aber noch nichts darüber gesagt, *wie* dieser alles transzendierende und in allem immanente und nicht weniger als personale Urgrund Gott, dieses (immer noch vage) „Ich-bin-da", genauer zu verstehen ist, welche *inhaltlichen* Eigenschaften ihm zukommen: ob er *gut ist oder böse oder beides*, ob er barmherzig ist oder grausam oder beides, ob er zärtlich ist oder gewalttätig oder beides, usw.

Wie kann man über eine vage und zweideutige Rede von Gott hinauskommen?

Es ist ja eine große Not für die Menschen, dass in den Religionen das Göttliche inhaltlich oft so zweideutig bleibt, so doppelgesichtig. Der göttliche Urgrund scheint *alles* zu tragen und zu rechtfertigen, wie es eben ist und läuft: Gutes und Böses. Er scheint unentschieden beides in sich zu vereinen, also selber zweideutig zu sein, gütig *und* grausam (auch z. T. im Alten Testament und im Christentum!). Die Menschen projizieren das, was sie in der Welt und im eigenen Herzen finden, auch auf Gott. So scheint Gott zum Lieben aufzurufen *und* zum Töten, scheint sich gnädig zuzuwenden *und* unerbittlich zu strafen. Die Menschen sehen sich von ihm nicht nur beschenkt, sondern auch bedroht; sie fühlen sich in ihm nicht nur geborgen, sondern ihm auch schrecklich ausgeliefert, das Göttliche macht Angst; Angst vor Gott ist weit verbreitet.

Das sind Grundnöte. Wer mit einem so ambivalenten Gottesbild leben muss, dem ist Gott nicht geheuer. Seit Jahrtausenden ist das Göttliche den Menschen nicht geheuer, sie versuchen sich vor ihm zu schützen, durch fragwürdige Opferrituale usw.

Ist es möglich, aus dieser Ambivalenz und Zweideutigkeit (Gott gütig oder grausam oder beides) herauszufinden? Wie kann es zu einer *Negation* nicht nur der Begrenztheit, sondern auch *des Bösen* kommen, also zu einer inhaltlichen Bestimmtheit, sodass wir mit dem Ersten Johannesbrief sagen können: „Gott ist Licht, und Finsternis ist *nicht* in ihm" (1 Johannes 1,5), „Gott ist Liebe" (1 Johannes 4,8.16), und Hass ist *nicht* in ihm; oder mit Jesus: „keiner ist gut außer Gott allein" (Markus 10,18), also „Gott ist gut" (*mehr* gut und *anders* gut als alles, was wir so kennen), „Gott ist gut", und Böses ist *nicht* in ihm, Gott ist „der Anti-Böse" (Edward Schillebeeckx)?

Wie kommt man dazu, das zu behaupten?

Das lässt sich nicht aus der Welt ableiten, denn die ist zu zwiegesichtig und oft zum Heulen; der kleine Einzelne zählt in ihr nichts. Aus der Welt kann man keinen eindeutig guten, barmherzigen Gott ableiten, kein „Deus caritas est".

Und deshalb lässt es sich auch nicht durch philosophisches Fragen entwickeln. Denn philosophisches Fragen geht immer von der Welt aus und fragt von da aus in einem Rückschlussverfahren nach dem letzten Urgrund von allem. Dieser Urgrund ist also aus der Welt (in Verlängerung von allem und jedem, von Gutem und Bösem) gedanklich heraus entwickelt, er ist nur die Tiefe der Welt selber, ihr Korrelat und Spiegelreflex; so doppelgesichtig wie die Welt selber, die zweideutige „Schwebe" zwischen Gutem und Bösem.[24] Ein solcher Gott hätte nichts anderes zu bieten als die Welt, kein anderes Wort, keine Erlösung, keine Auferstehung, keine Verheißung für uns Sterbliche.

Aber dieser Grenzbegriff am Ende philosophischer Denkwege ist ja nur der „Gott am Ende" (im doppelten Sinn), hat der Philosoph Schelling (1775–1854) in seinem Spätwerk selbstkritisch gesagt und hinzugefügt: „Im reinen Denken ist Gott nur Ende, nur Resultat; Gott aber, was man wirklich Gott nennt, ist nur der, welcher *Urheber sein, der etwas anfangen kann*"[25] und uns in die Quere kommen kann. Der *wirkliche, lebendige* Gott ist etwas anderes als ein *nur erdachter* Gott (sagte Meister Eckhart).

Trotzdem hat das philosophische Fragen nach Gott eine wichtige Funktion: Es kann im Feld der Vernunft den Gedanken „Gott" als (nicht un-)vernünftig einführen. Im Feld der Vernunft ist der philosophisch gedachte Gott *Platzhalter* für den *wirklichen* Gott. Das ist nicht unwichtig.

Denn *wenn* wir am Ende menschlicher Denkwege zur Idee eines letzten, alles (auch uns personale Wesen) begründenden Urgrundes gelangen und *wenn* dieser Urgrund wirklich existieren sollte, dann müsste er ja auch – so sagten wir – die Qualität des Personalen, der Freiheit haben, d. h. wir könnten nicht mehr ausschließen, dass er *sich von sich selbst her meldet* und uns in die Quere kommt. Damit müssten wir dann rechnen (und damit wäre die *Möglichkeit von Offenbarung* aufgewiesen).

Wenn man das einmal gemerkt hat, dann wird eine *innere „Kehre"* nötig: weg vom bloßen Er-Denken und Sich-Ausdenken Gottes, hin zum Achten und Hören darauf, ob evtl. der wirkliche Gott sich irgendwo in der Welt selbst erschließt, sich mitteilt, sich offenbart.[26]

Dass genau das (dieses äußerste Denkmögliche) Faktum geworden ist, davon spricht die Bibel. Sie spricht davon, dass der alles umfangende Urgrund die Beziehung zu den Menschen sucht und sich offenbart hat – in der Geschichte von Menschen, die für ihn besonders aufgeschlossen waren, offen waren (offener als andere): ein Abraham, ein Mose, ein Jesaja usw. – und dieses kleine Volk Israel, soweit es offen und zu hören bereit war.

Dieses Volk hat ja eine ganz erstaunliche *Lerngeschichte mit Gott* durchgemacht (die man als Offenbarungsgeschichte verstehen kann). Es musste lernen, dass Gott anders ist als die erdachten Götter alle, dass er *allein* Gott ist, *der Einzige*. Freilich, lange hat man auch in Israel JHWH-Gott in allzu menschlichen Bildern vorgestellt: nationalistisch (Deuteronomium 6,22f: Die Ägypter warf er ins Meer, „uns aber" hat er herausgeführt), gewalttätig, rachsüchtig, patriarchalisch, Tieropfer annehmend. Allmählich musste Israel – durch seine Propheten und durch schmerzliche Erfahrungen – lernen, dass JHWH, der eine und einzige Gott, *anders* ist: „heilig", „Gott und nicht ein Mensch", seinen glühenden Zorn auf die Untreuen nicht vollstreckend, sondern mit blutendem Herzen sich erbarmend (Hosea 11,8f; vgl. Jeremia 31,20); nicht in Sturm und Gewalt zu finden, sondern in der Stille (Elija am Horeb: 1 Könige 19,11–13); nicht bei den Siegern, sondern bei den Unterdrückten und Opfern

(Jesaja 1,10–17; beim leidenden Gottesknecht usw.: Jes53, 63,9; Ps 91,15). Israel musste lernen, dass nicht der Mann, sondern Mann *und* Frau sein Bild sind (Genesis 1,27; 5,1f), dass Gott „Barmherzigkeit will, nicht Schlachtopfer" (Hosea 6,6; Amos 5,21–24; Psalm 51,18). Und wiewohl die Liebeserklärung Gottes seinem Volk gilt (z. B. Deuteronomium 7,7f; Jeremia 31,3), muss dieses Volk lernen, dass die Liebe Gottes auch dem Fremden im Lande gilt, weshalb dieser nicht unterdrückt werden soll (z. B. Levitikus 19,34; Deuteronomium 10,17–19; 24,17–21[27]), ja das Volk muss lernen, dass Gottes Heil auch den andersreligiösen Völkern gilt (höchst provokativ Amos 9,7; Jesaja 19,24f: den Philistern, den Feinden, Ägypten, Assur, allen). Jesus Sirach 18,13 fasst das markant zusammen: „Des Menschen Erbarmen gilt nur seinem Nächsten, das Erbarmen Gottes gilt jedem Menschen."[28]

Ein mühsamer Lernweg Israels (den eigentlich jeder Mensch in seinem Leben immer wieder von Neuem gehen muss). Dieser Lernweg Israels verläuft nicht linear wie eine ungebrochene Fortschrittsgeschichte; es gibt Rückfälle, Zwiespältigkeiten, unterschiedliche Positionen nebeneinander. Aber die Spitzenerfahrungen des Judentums (und z. T. auch anderer Religionen[29]) führen doch hinaus über den zweideutigen, zugleich gütigen *und* grausam strafenden Gott.

Ganz eindeutig wird es dann bei dem Galiläer Jesus von Nazaret. Er erfährt Gott und bringt Gott nahe als *reine* Barmherzigkeit *ohne Grenzen*, als eine Güte, die *für alle* entschieden ist und die alle sucht, auch den Letzten, den Verkommensten und Verlorensten. Dass Gott pure Barmherzigkeit und Güte ist, die für alle entschieden ist, das *sagt* Jesus nicht bloß, er *lebt* es, lässt es für andere *geschehen*, es wird für sie spürbar (das kann ich hier nicht ausführen). Auch in seinem Schüler- und Anhängerkreis werden andere Beziehungen eingeübt: nicht mehr Mobbing und Über-andere-herrschen-Wollen, sondern anderen aufhelfen; die ganz unten, die Kinder und die Geringsten, werden zum Leitbild.

Dass der tiefste Urgrund der Wirklichkeit kein kalter Urgrund ist, den es nicht berührt, was da läuft, dass er vielmehr Agape ist, d. h. eine eindeutig *bejahende* Größe, die in den positiven Dynamiken am Werk ist (im Antrieb zum Guten) und auf Gutes hinaus will, dass er *wie eine Mutter* mit ihrer Schöpfung in Geburtswehen liegt und um sie bangt, oder dass er *das Gesicht des barmherzigen Vaters* hat (wie ein Wasserzeichen in allem, das man meist nicht beachtet), dass der Urgrund Güte ist, die alle erreichen und keinen missen möchte, dass also jeder geliebt und kostbar ist, genau das behauptet Jesus – und zwar nicht bloß mit Worten, sondern mit seiner ganzen Existenz, er lebt es bis zum Äußersten, mit allen Konsequenzen.

Man darf das nicht banalisieren. Die Güte und Liebe Gottes, die Jesus lebte und nahebrachte, ist nichts Billiges, nichts Harmloses. Der salvadorianische Befreiungstheologe Jon Sobrino hat einmal gesagt: „Man bringt doch niemand um, der *nur* Liebe, nur Vertrauen auf Gott predigt." Jesus sagt nicht nur, dass Gott „gut" ist (was kaum jemand aufgeregt hätte!), sondern er behauptet mit seiner ganzen Existenz und Praxis, dass Gott *reine* Güte ist, die ausnahmslos *allen* gilt, dass Gott – alle Vorbedingungen wegfegend und alle Grenzen sprengend – gerade auch dem gut ist, dem ich und andere nicht gut sind (was uns alle zur Umkehr herausfordert). Jesus setzte sich also in klaren Widerspruch zu vielem in der Welt. Deswegen wurde er ja liquidiert.

Und wenn wir nicht umkehren (zu Offenheit für *diesen* Gott und d. h. eben auch zu mehr Einsatz gegen Unrecht und für Gerechtigkeit), dann blutet Gott das Herz (sagt Hosea 11 oder Jesus in Lukas 13,34), wie einer Mutter das Herz blutet, die um ihren Sohn oder ihre Tochter bangt, und dann ist Gott voller Zorn, aber nicht, um ein Zorngericht zu vollstrecken (sagt Hosea 11), sondern weil wir ihm nicht egal sind, weil er an uns leidet, weil er für uns radikal engagiert ist und auf uns wartet.

Jesus hat an der allen geltenden Güte Gottes festgehalten, auch in Misserfolg, Leiden und im Schweigen Gottes, dort, wo ihm der allmächtige Nothelfergott verloren ging, wo er nur noch seine Not hineinschreien konnte ins Dunkel der nicht mehr begreifbaren Güte Gottes („Mein Gott, warum hast du mich verlassen"), einer Güte, die – es bleibt dabei – *allen* gilt, auch seinen Peinigern (Lukas 23,43: „Vater, vergib ihnen, denn sie wissen nicht, was sie tun"); die Tür zur Umkehr und zur Freundschaft mit Gott soll ihnen offen bleiben.

Im Leben, Sterben und der Auferweckung Jesu vollzieht sich *der Göttersturz*, die Entlarvung unserer Projektionen von Gott, die Absage an all die üblichen Vorstellungen (vom allmächtigen Nothelfer, vom harmlos lieben Gott, vom Gott für uns und gegen die andern, usw.), Vorstellungen von Gott, mit denen wir doch nur unsere eigenen Wünsche vergötzen, unsere Wünsche, oben zu sein, Herren zu sein, stärker zu sein, besser zu sein, Macht, Erfolg und Glück zu haben.

Dietrich Bonhoeffer schrieb 1945 in der Haft (die mit seiner Hinrichtung endete): „Alles, was wir mit Recht von Gott erwarten, erbitten dürfen, ist in Jesus Christus zu finden. Was ein Gott, so wie wir ihn uns denken, alles tun müsste und könnte, damit hat der Gott Jesu Christi nichts zu tun."

Das Neue Testament behauptet, dass der alles tragende Urgrund, der nicht weniger als personal sein kann, sich tatsächlich in der Geschichte erschlossen hat, durch Menschen, die für ihn besonders offen waren, zumal Propheten aus dem kleinen Volk Israel, und dass er dann definitiv in dem Juden Jesus von Nazaret sich offenbart hat, in unüberbietbarer und endgültiger Weise.

Was in Leben, Sterben und Auferweckung Jesu offenbar geworden ist, das kann das Neue Testament zusammenfassen in Sätzen wie: „erschienen ist die Güte und Menschenfreundlichkeit Gottes“ (Titus 3,4), oder: „Gott ist die Agape, und wer in der Agape bleibt, der bleibt in Gott und Gott in ihm; wer nicht liebt, hat Gott nicht erkannt“; aber jeder, der liebt und die Gerechtigkeit tut, stammt aus Gott, ist aus Gott geboren (so 1 Johannes 4,8.16; vgl. 2,29; 3,10). Und die spätere Kirche kann daraus geradezu eine Wünschelrute oder einen Kompass formen, ein Kriterium zur Erkenntnis Gottes: „Wo die Güte und die Liebe, da wohnt Gott (und da wirkt Gott).“ *„Ubi caritas, ibi Deus est (et agit)“*. – Dass man das nicht verharmlosen darf, habe ich angedeutet.

Eigentlich wohnt und wirkt Gott dort, wo man ihn einlässt

Nun sind das alles sehr kühne Behauptungen – angesichts dieser Welt, die nicht nur wunderbar schön ist, sondern zugleich auch so voller Elend und Niedertracht. Die Welt ist und bleibt zwiegesichtig. – Wo ist Gott in all dem Elend dieser Welt, in all den Qualen? Wo war er, als die sechs Millionen Juden ermordet wurden? Wo war er bei den Naturkatastrophen und ihren vielen Opfern? Wo ist er jetzt in den Elends- und Kriegsgebieten dieser Erde? Wo ist er, wenn manchen Menschen so unsäglich viel und schweres Leid aufgebürdet wird, dass sie darunter zerbrechen? Wo ist er im Leid der gequälten Kinder, und auch der gequälten Tiere?[30]

Das ist und bleibt *verstörend*, auch für den, der auf Gott vertrauen will; da können einem schon tiefe Zweifel kommen: Ist Gott denn gut[31], ist er überhaupt da?

Der Atheist sagt: Angesichts des Theodizeeproblems ist die Existenz Gottes höchst unwahrscheinlich („there is *probably* no god", stand auf den roten Bussen in London; so sicher war man sich da auch nicht). Der Atheist ist mit dem Glauben an Gott auch das Theodizeeproblem losgeworden, aber das Problem des Leidens ist er keineswegs losgeworden, und das der Ungerechtigkeit in der Welt auch nicht. Denn niemand wird dann den in Auschwitz Ermordeten eine Gutmachung verschaffen und Gerechtigkeit widerfahren lassen. Genau das aber verlangt unsere Vernunft, verlangt die Menschlichkeit (und kann es doch nicht bewirken). Der Atheist muss das verdrängen, er muss mit einem Riesenverdrängungsapparat leben angesichts der unerlösten Welt, die für ihn unerlöst bleibt.

Auch dem Atheisten müssten daher Zweifel kommen. „Wenn Gott nicht ist, woher dann das Gute?" (fragte der Philosoph Boëthius 524 im Gefängnis vor seiner Hinrichtung). Zehrt nicht alles tätige Erbarmen von einem guten Urgrund, den es – unbemerkt – voraussetzen muss? Wer immer uneigennützig sich für andere einsetzt, gegen Unrecht und für Gerechtigkeit, setzt der nicht – ob er's weiß oder nicht – letzten Endes darauf, dass ein guter Urgrund ist und dass das Gute das Ziel des Ganzen ist?[32]

Was können Christen angesichts des Übels in der Welt noch von Gott sagen? Sie werden vielleicht mit dem Rabbi in einer jüdischen Geschichte unterscheiden[33]: Ja, Gott wohnt überall, aber eigentlich wohnt er nur dort, wo man ihn einlässt. (Ähnlich denken Thomas von Aquin, Martin Luther und andere.)

Juden und Christen werden also behutsam darauf hinweisen, dass Gott, der Urgrund, der alles trägt, die Welt und die Dinge in ihre *Eigendynamik* hinein freigegeben hat und dass er die Dinge auch dann noch im Sein hält, wenn sie damit Schindluder treiben und Schlimmes anstellen. Dann widerruft er nicht die Freigabe, sagt nicht: „Das hab ich nicht gewollt, also weg mit dir!" Nein, dann hält er die Geschöpfe immer noch im Sein, *trägt* sie, *erträgt* sie, *erleidet sie*. Dann muss er sie erleiden. Erschaffen ist für Gott „keine Vergnügungsreise" (hat Teilhard de Chardin gesagt), sondern ein Risiko und Drama. Denn mit der Freigabe der Geschöpfe in ihre Eigendynamik gibt Gott etwas aus der Hand, gibt ihnen *Eigenmacht* und riskiert seine eigene *Ohnmacht*. Nicht alles, was wir Menschen tun, ist gottgewollt (das wissen wir). Aber auch nicht alles, was die Natur tut, ist Gottes Wille (z. B. Erdbeben, genetische Defekte usw. sind Folgen von Naturprozessen, in die Gott nicht willkürlich eingreift). Mit dem Rabbi und mit Thomas von Aquin gesprochen: Ja, Gott wohnt in allem, so, dass er es trägt und aushält; aber *eigentlich*, eigentlich wohnt er dort, wo man ihn *einlässt*; wo man ihn mit seiner allen geltenden Güte einlässt (und zu den andern durchlässt). Dann kann er in der Welt Raum finden und Macht gewinnen, kann mit seinem guten Willen zum Zug kommen und wirken. Andernfalls ist er ohnmächtig in der Welt (der er Eigendynamik und Eigenmacht eingeräumt hat), und braucht man sich nicht zu wundern, wenn man ihn dort nicht findet.

Eigentlich wohnt und wirkt Gott dort, wo man ihn einlässt. Einer, sagen Christen, dieser Jesus, hat Gott mit seiner Güte für alle ganz in seine Existenz eingelassen, bis in seine letzten Fasern. Deswegen ist er ganz *transparent* (durchlässig) für Gott und für Gottes allen geltende Güte, für das Erbarmen Gottes. Er ist das menschliche Antlitz Gottes, das wahre (Eben-)Bild Gottes.[34] An Jesus ist abzulesen, wie Gott zu uns ist und – wie Gott in sich ist.

Deswegen können frühe Christen sagen: Dieser *Mensch* ist der „Immanuel", der „*Gott* mit uns" (Matthäus 1,23), in diesem Menschen sagt Gott sich selber aus, er ist das Fleisch (nicht nur Satz oder Buch) gewordene Wort Gottes (Johannes 1,14). Jesus Christus (sein Leben, Leiden, Sterben, Auferstehen, seine Person) ist die Selbstoffenbarung/Selbstmitteilung Gottes als unbedingt für alle entschiedene Liebe.

Nicht dass Gott anderswo nicht mehr sprechen würde, aber mehr und wesentlich anderes (als in ihm) hat er uns nicht zu sagen, jedenfalls in diesem Leben und in dieser Weltgeschichte nicht. Will man also zuverlässig von Gott reden, dann muss man sich an ihm orientieren.[35]

III. Vom dreifaltig begegnenden einen Gott sprechen[36]

Für Juden, Christen und Muslime gilt: Gott ist *ein einziger* (Deuteronomium 6,4; Markus 12,29; Koran 112,1), auch wenn sie den einen Gott unterschiedlich sehen. Aber Juden und Muslime meinen, Christen hätten die Einzigkeit Gottes aufgegeben: mit dem Glauben an den *dreieinigen* oder dreifaltigen Gott. Stimmt das? Was meint dieser Glaube?

Dreifaltigkeit meint primär die drei Weisen, wie der eine Gott sich selbst erschließt

So auch im Apostolischen Glaubensbekenntnis. Ein und derselbe Gott begegnet uns nämlich

1. als der bleibend Verborgene und Transzendente oder als der Vater (mit Vater, sagt das Konzil von Florenz 1442 [DH 1331], meinen wir den *origo sine origine*, den ursprunglosen Ursprung, der alles trägt).

2. als der zu uns Sprechende – durch Menschen, die ihn „einlassen"[37], vor allem unüberbietbar und maßgeblich durch Jesus, in dem er uns nicht nur irgendetwas offenbart, sondern sich selber mitteilt als die für alle entschiedene Liebe (Wort/Sohn).

3. als der mit seiner Liebe (und Gnade/„Ge-*nah*-de") selber in uns Ankommende und in uns Wohnende (Heiliger Atem-Hauch-Geist).

Oder in umgekehrter Reihenfolge (mit Karl Rahner[38]):

3. Insofern der eine Gott – als unser Glück und Heil – in der innersten Mitte eines Menschen ankommt, ihn freimacht, ihn über sich hinaus aufschließt für Gott und für seine Geschöpfe, nennen wir Gott „Heiliges Pneuma (Geist)", d. h. Gott in seiner innersten Nähe. (Gott *in* uns.)

2. Insofern eben dieser eine Gott in Jesus – als er selber (und nicht in Vertretung) – für uns da ist, sich selber (nicht etwas anderes) uns zusagt, nennen wir Gott „das Wort (Logos)" oder den Sohn, d. h. Gott in seiner wirklichen Selbst-Mitteilung. (Gott *mit* uns, Gott *für* uns.)

1. Insofern eben dieser eine Gott (der sich uns mitteilt und bei uns ankommt) in all dem immer der alles umfangende Urgrund und Ursprung von allem (auch seiner Selbstmitteilung und seines Ankommens) ist und so das unbegreifliche Geheimnis bleibt, nennen wir Gott den „Vater" oder die Mutter, d. h. Gott in seiner unendlichen Erhabenheit und bergenden Liebe. (Gott *über* uns, Gott *um* uns.)

Es ist immer ein und derselbe eine Gott, der alles umfängt, selbst bei uns ist und in/unter uns wirkt (nicht drei Gottheiten). Der *eine einzige* Gott begegnet *dreifaltig* (trinitarisch).

Gott wesenhaft in kommunikativer Beziehung zu denken wurde für das Christentum unausweichlich; denn das Neue Testament bezeugt die Erfahrung der *Selbst*-Offenbarung (oder *Selbst*-Mitteilung) des einen Gottes als unbedingt für alle entschiedene Liebe in Jesus Christus und in seinem Geist. Gott hat nicht nur *etwas* offenbart, sondern *sich selbst*. Das ist religionsgeschichtlich revolutionär (im Islam offenbart er seinen Willen, seine Rechtleitung, aber nicht sich selbst).

Exkurs zu Judentum und Islam

Die Differenz zwischen Gott selbst und Gott in seiner Offenbarung und Nähe kennen auch Juden und z. T. auch Muslime; aber sie wird bei ihnen kaum reflektiert.

Juden können sagen: Gott ist unsichtbar, unhörbar, verborgen, unverfügbar – aber zugänglich durch seinen Namen, sein Angesicht, sein Wort (mittels Propheten), seine Weisheit, seinen Geist, Engel, Lichtglanz *(kabód)*, seine Einwohnung *(shechináh)*. Für Sprüche 8 und Jesus Sirach 24 ist die Weisheit, für manche Rabbinen die Tora zwar geschaffen (vor aller Welt), aber präexistent bei Gott.

Für Muslime ist Allah radikal transzendent – aber er offenbart seinen Willen, definitiv im Koran. Eine himmlische „Urschrift" des Koran (Sure 3,7; vgl. 85,22) ist präexistent bei ihm; und es gibt (zwischen 800 und 1100 n. Chr.) Streit darüber, ob dieser Urkoran, der dann ins irdische Wort Gottes vermittelt wurde, geschaffen ist (so die Mutaziliten) oder unerschaffen-ewig (so die Ashariten).

Obwohl es also stellenweise ein Bewusstsein von der Differenz zwischen dem absolut transzendenten Gott und seiner Offenbarung gibt, macht die Sorge um Wahrung der absoluten Transzendenz und Einheit Gottes es Juden und Muslimen unmöglich, eine reale Unterscheidung in Gott anzunehmen; das wäre Häresie der „Beigesellung" (jüdisch shittuf; islamisch shirk).

Der Islamkenner und Koranübersetzer Hans Zirker stellt fest: „Wie man den transzendenten Gott mit Offenbarung zusammendenken, wie man den Koran als Gottes Wort nehmen kann, ohne Gott *wesenhaft in kommunikativer Beziehung* zu sehen, bleibt für die islamische Theologie ein Dilemma."[39]

Warum Gott wesenhaft in kommunikativer Beziehung zu denken ist

Wenn Gott uns wirklich so dreifach begegnet und sich selbst offenbart, dann darf man rückschließen, dass den drei Begegnungsweisen (der sich offenbarenden Trinität) *etwas „in" Gott selbst entspricht* (eine Art „inner"-göttliche Trinität).

Der eine Gott vermag sich selbst uns Menschen mitzuteilen und in unserer Mitte anzukommen, weil er *„zuvor"* schon *in sich selbst* kein einsamer, beziehungsloser Gott ist (kein unbewegtes Prinzip und kaltes Weltgesetz), sondern der lebendige, beziehungsfähige Gott, weil zu seinem *Wesen* Beziehung, Dialog, Sich-Geben, Liebe gehört, er also das ewige Beziehungsgeschehen dialogischer Liebe (Johannes 1,1) ist.

Nicht dass Gott nur *Liebe hat* oder *ein Liebender wäre*, der Welt und Menschen bräuchte, um überhaupt lieben und sich verwirklichen zu können (wie ein Mensch dazu den andern braucht). Vielmehr sagt das Neue Testament: „Gott ist *die Liebe*" (1 Johannes 4,8.12). Was wir endlichen Menschen nur in der Mehrzahl begrenzt und unvollkommen verwirklichen können (Beziehung, Dialog, Liebe), das lebt Gott in der Unendlichkeit seines einen Wesens unbegrenzt und vollkommen.

Ruth Pfau, die Lepra-Ärztin und Nonne in Afghanistan/Pakistan, traf sich, wenn sie in Islamabad war, öfters mit einem befreundeten pakistanischen Minister, einem Sufi-Muslim, und sie sprachen über Gott und die Welt. Einmal, so schreibt sie, sprachen sie von der Liebe Gottes, und dabei sagte sie wörtlich: „Wenn Gott nicht nur Liebe *hat*, sondern Liebe *ist*, und wenn Liebe notwendig nicht selbstbezogen, sondern dialogisch ist, dann muss es in Gott selber Dialog geben. Das ist es, was wir stammelnd als Trinitätslehre auszudrücken versuchen." Darauf habe der Sufi-Muslim geantwortet: „Sag das noch einmal!"[40]

Der evangelische Systematiker Eberhard Jüngel sagt es bündig so: „Die Trinitätslehre ist der unerlässlich schwierige Ausdruck der einfachen Wahrheit, dass Gott lebt, weil Gott als Liebe lebt."[41]

Wie es im „Inneren" Gottes zugeht, wissen wir nicht

Zwar hat Karl Rahner die Grundthese vertreten: „Die ökonomische Trinität *ist* die immanente und umgekehrt."[42] Das heißt: Der dreieinige Gott, wie er sich in der Heilsgeschichte offenbart, ist Gott, wie er in sich selber ist. Doch andere waren vorsichtiger. Der französische Dominikanertheologe *Yves Congar* etwa fragte zurück: „In der ökonomischen Trinität enthüllt sich die immanente Trinität. Enthüllt sie sich aber ganz?"[43]

Die volle Selbstmitteilung Gottes geschieht erst eschatologisch, in der Vollendung; in der Geschichte geschieht sie in Erniedrigung und Entäußerung (Kenose). Wo ist der allmächtige Vater in einer Welt, die voll des Bösen ist? Auch für Jesus, den Sohn, hat sich am Kreuz das Antlitz Gottes verfinstert, bis zum Verlassenheitsschrei. Der Osterglaube hält (aufgrund der Ostererfahrung im Hl. Geist) fest: Ja, es *ist* das Antlitz Gottes, das uns in Leben, Sterben und Auferstehung Jesu zugewandt ist, aber das erlaubt uns keine „Spekulation darüber, wie es im ‚Inneren' Gottes zugeht"[44]. Möglich ist nur der Rückschluss (so die großen Trinitätstheologen um 380, die Kappadokier Basilius, Gregor von Nazianz und Gregor von Nyssa): Gott ist wahrlich so, wie er in Jesus und seinem Geist sich erweist. Gott ist also wahrlich eindeutige, für alle offene Agape – und das zu wissen muss uns genügen (sagt Johannes 14,8). Es lässt hoffen, dass er uns nicht loslässt.

Erich Przywara[45] hat, wenngleich in etwas vertrackter Sprache, dazu sehr Bedenkenswertes geschrieben: „Das Geheimnis der Trinität offenbart sich gewiss [...] im Geheimnis der Heilsökonomie. [...] Diese ökonomische Trinität *ist* aber nicht die Seins-Trinität. Sondern die ökonomische Trinität ist nur die Offenbarung und die Mitteilung der überhinausliegenden Trinität, der Trinität in *Sich Selbst*. [...] Die heilsökonomische Trinität ist Mitteilung von der Seins-Trinität her, zeigt auf Sie hin, aber die Seins-Trinität in Sich Selbst ist erstens ineffabel, unaussagbar, unbegreiflich, und zweitens besteht Sie in Sich Selbst. Sie ist nicht an die Heils-Trinität gebunden, Sie ist keine Folge, sondern jene ist ihre freie Selbstmitteilung" (308f). Wir wissen nicht, was die Seins-Trinität in sich ist. Aber wir sind gewiss, „das letzte Geheimnis ist dies: Weil Gott Sich zur Begegnung-Entgegnung zum Menschen hin mitteilt und dem Menschen in dieser Mitteilung die Fähigkeit gibt, zueinander in Begegnung-Entgegnung der Agape zu stehen, so ist Agape der Ort, *darin* Gott erfahren wird."

Gott gibt sich zu erfahren im Mysterium des Du zu Du. Gott ist in sich selbst lebendige Beziehung, für die wir nur den Namen Liebe (im Sinn von Agape) haben. Und in dieser Liebe sind beide beisammen: Gewissheit und Nicht-Wissen (vor dem Geheimnis des Andern).

Wie dann vom dreifaltigen Gott sprechen?

Alle Vorstellungen und Ausdrücke, die wir verwenden (Vater-Sohn-Geist, Personen, drei-einer Gott usf.), können nur im analogen Sinn auf Gott bezogen werden: Bei aller Ähnlichkeit besteht noch größere Unähnlichkeit (Viertes Laterankonzil). Die Bilder treffen etwas, und müssen doch überstiegen werden. Sie haben alle den Charakter von „Meta-phern", die uns „hinübertragen" sollen ins unergründliche Geheimnis, damit wir uns ihm anvertrauen. Sie sind wie Krücken, die wir dann loslassen müssen, um uns selbst ins unbegreifliche Geheimnis hineinfallen zu lassen.

So dürfen die Zahlwörter 1 und 3 nicht buchstäblich nummerisch genommen werden, sie sollen keine Quantität in Gott setzen (Basilius: „kein frommes Zählen", „Gott ist jenseits aller Zahl"[46], keine drei Figuren), sondern: 1 besagt Negation aller Vervielfältigung (also strenge Einzigkeit Gottes), 3 besagt Negation aller inneren Einsamkeit, Armut, Bedürftigkeit, aller Endlichkeit (also Beziehungsreichtum, Lebensfülle in Gott). Alle weiteren Folgerungen aus diesen Zahlen sind unangemessen. Der auf die Zahl fixierte Ausdruck „Trinität" und „trinitarisch" sollte daher nur mit Vorsicht und Zurückhaltung gebraucht werden.

Auch die Rede von drei *Personen* richtet sich primär *negativ* gegen die Leugnung von [Urdifferenz und] Beziehung in Gott[47], die positiv festzuhalten ist, wenn Gott der liebend sich Mitteilende, ja die Liebe, also beziehungsreiches Leben sein soll, ohne dass wir dies noch weiter bestimmen könnten. Augustinus hatte erklärt: Person meint hier „relatio" (= Relation, Beziehung), der Ausdruck ist eine Verlegenheitslösung, wir haben halt keinen besseren und verwenden ihn, damit nicht völlig geschwiegen werden muss („ne taceretur omnino").[48] Man darf also nicht einen der geläufigen Personbegriffe ungebrochen auf Gott anwenden, sonst wird alles falsch; denn dann ergeben sich entweder drei Rollen und bloß vorübergehende Erscheinungsweisen Gottes, die sich wieder auflösen (sog. Modalismus), oder aber drei Individuen, Subjekte, „Selbstbewusstseine" in Gott (sog. Tritheismus, also Drei-Götter-Glaube, eben das, was der Koran und die meisten Muslime uns vorwerfen). Thomas von Aquin präzisiert deswegen Augustins Bestimmung, indem er sagt: Persona meint hier relatio subsistens (= in sich stehende/schwingende Beziehung; in der endlichen Wirklichkeit gibt es das nirgendwo). Das würde bedeuten: Der wesentlich eine Gott ist beziehungsreich, lebt in (drei) Beziehungen, die sein ewiges Geschehen der Liebe ausmachen, das sich für uns öffnet; in diesem unendlich weit aufgespannten Beziehungsgeschehen der Liebe Gottes ist Platz für alle, es will in allen Einlass und Raum finden, und alle sollen in ihm ihre Erfüllung finden.

Auch die Ausdrücke *Vater, Sohn-Wort (lógos), Atem-Hauch-Geist (pneuma)* sind Bildworte, die sich aufgrund der Sohnesbeziehung Jesu zu seinem Vater und aufgrund der urchristlichen Geisterfahrungen nahelegten. Diese Bildworte dürfen *nicht* in drei gegenständlich vorgestellte Figuren verwandelt werden (als ob Gott ein Dreier-Club oder physisch Vater wäre und ein Kind habe, wie manche Christen missverstanden haben und deshalb dann auch der Koran missversteht). Deshalb hat das kirchliche Lehramt malerische Darstellungen von drei Figuren (die im Mittelalter aufkamen: Gnadenstuhl usw.) 1745 ausdrücklich verboten.

Die verschiedenen Trinitäts*theologien* tasten sich an das Geheimnis *von zwei entgegengesetzten Seiten* heran: einerseits mit mono-subjektivischen Modellen (von Augustin bis Karl Barth und Karl Rahner), welche vom menschlichen Subjekt und seinem Selbstverhältnis in Erkenntnis und Liebe ausgehen und Gott wie ein Subjekt sehen, oder andererseits mit sozialen Modellen (von Richard von St. Viktor bis Jürgen Moltmann, Leonardo Boff, Gisbert Greshake), welche von der Interpersonalität ausgehen und Gott wie eine soziale Gemeinschaft oder *communio* sehen.

Aber beide Modelle sind nur begrenzte Perspektiven (denn Gott ist weder *ein* Subjekt, sozusagen eine überdimensionierte Monade, die sich selbst bespiegelt, noch ist Gott eine Dreier-Kommunität aus *drei* Subjekten). Die beiden antinomischen Modelle sind begrenzte Perspektiven und müssen sich gegenseitig korrigieren.

Hans Urs von Balthasar hat treffend gesagt: „Das geschöpfliche Bild muss sich bescheiden, von seinen zwei Ansatzpunkten her gleichzeitig in der Richtung auf das Mysterium zu blicken: die Linien treffen sich unsichtbar im Unendlichen."[49] Alle Spekulationen, die diese Linien bereits in unserem endlichen Denken zusammenbringen wollen, wissen zu viel, sind anmaßendes Bescheid-wissen-Wollen über Gott.

Deshalb scheint es mir einerseits (mit Balthasar gegen Rahner) unangebracht, jedes innergöttliche Du als unmöglich zu erklären, und andererseits (mit Helmut Hoping gegen Gisbert Greshake) „abwegig, Gott als Gemeinschaft selbst-bewusster

Subjekte vorzustellen“. Vollends wird die Diskretion verletzt durch die z. B. von Greshake vertretene Anrede „Ihr drei“ (und das spekulative Bescheidwissen über ihr innergöttliches Zusammenspiel). Das ist Anthropomorphismus im schlechten Sinn, der nur erreicht, dass die Gläubigen beim gegenständlich Vorgestellten festgehalten werden, anstatt es zu transzendieren in das größere Geheimnis hinein und sich vertrauensvoll in dieses hinein loszulassen.

(Sprach-) Bilder sind unverzichtbar und hilfreich, wenn man weiß, dass sie Bilder und nicht die anvisierte Sache selber sind. Dann können sie Ausgangspunkt sein für ein (alle Abgrenzungen loslassendes) existenzielles Sich-Öffnen auf den einen immer größeren[50] Gott zu, dessen Güte/Liebe allen gilt, weshalb sie uns zuerst zu den geringsten Anderen schickt, in denen er sich verbirgt und auf unsere Tat der Barmherzigkeit und Gerechtigkeit wartet (Matthäus 25).

Von Gott (dem Vater) geht diese Liebe aus, in Jesus Christus (dem Sohn und unserem Bruder) gewinnt sie untrügliche menschliche Gestalt, im Heiligen Geist erfasst sie uns und wirkt *in* uns. Oder – und das verstehen auch Kinder: Der eine Gott *über* und *um* uns (Vater/Mutter), uns *gegenüber* und *mit* uns (Jesus Christus[51]), und *in* uns (Hl. Geist).

Schluss

Kurz vor seinem Tod (1984) hat Karl Rahner in einem Vortrag davon gesprochen, von Gott schweigen könne man nur dann, „wenn man zuerst geredet hat“. Aber bei allem Reden dürfe man nicht vergessen, dass unsere Gottrede nur dann einigermaßen legitim ist, „wenn wir [...] unsere Aussagen immer auch hineinfallen lassen in die schweigende Unbegreiflichkeit Gottes selber“[52].

Derselbe Rahner hat einmal geäußert: „Ich glaube, weil ich bete, nicht primär umgekehrt.“ Ich glaube, weil ich bete, weil ich in die Stille gehe, mit meinem ganzen Selbst mich der Gegenwart Gottes aussetze und alles in ihr wahrzunehmen versuche. Deshalb glaube ich.

„Gott ist gegenwärtig: alles in uns schweige und sich innig vor ihm neige.“ Ohne *diesen* Akt („Beten“, Anbetung) ist Glaube *bloße Ansicht* über die Welt (bloße Weltanschauung und ohne Kraft), bleibt im Kopf, durchdringt nicht das Empfinden, das Fühlen, die Einstellung, das Leben, und trocknet bald aus. Die Beziehung zu Gott fliegt einem nicht zu, man muss sie suchen, sich um sie kümmern, sie pflegen, so wie jede Beziehung.[53]

Zweiter Teil

Allmacht oder Ohnmacht? Über Gottes Wirken in der Welt

Einleitung

Dass Gott in der Welt wirkt, ist eine Grundüberzeugung der Bibel. Sie redet von der ersten bis zur letzten Seite davon. Ganz ähnlich die Kirche, denken Sie nur an die Sätze des Credo oder an die Fürbitten in der Liturgie, die oft verlegen machen. Denn die Gewissheit, dass Gott in innerweltliche Abläufe eingreift, ist in eine tiefe Krise geraten (und das nicht erst heute).

Nur einige, die es ganz genau wissen wollen, behaupten, der Tsunami in Thailand, die Flut in New Orleans usw. – das sei die Strafe Gottes für die lasterhaften Sünden der Menschen dort. So wie damals in Jerusalem einige sagten, die 18 Menschen, die beim Einsturz des Turms am Schíloach-Teich umkamen, seien deswegen getötet worden, weil sie Sünder waren; Jesus erwidert: „Meint ihr, diese 18 seien schuldiger gewesen als alle andern Menschen in Jerusalem?“ (Lukas 13,1–5)

In einem Seminar zum Handeln Gottes hatte ich eingangs die Studierenden sich äußern lassen, wo sie ein Handeln Gottes sehen. Eine Studentin meinte: Damals in der Geschichte Israels und Jesu, da hat Gott gehandelt, *heute* müssen *wir* handeln, wie Gott handeln würde. Ein anderer Student hat zurückgefragt: Wenn Gott heute nicht mehr wirkt, wieso sollte er dann früher gewirkt haben?

Wenn man heute über Gottes Wirken sprechen soll, muss man ganz von vorn anfangen, weil nichts mehr selbstverständlich ist.

Vorweg ist *methodisch* zweierlei zu bedenken:

1. Alle Weltanschauungen, der Glaube an Gott ebenso wie der Atheismus, haben zunächst einmal als irrtumsanfällige menschliche Versuche zu gelten, mit der Wirklichkeit, die wir erleben, zurechtzukommen. Dabei müssen die Grenzen menschlichen Erkennens bewusst bleiben, was bedeutet, dass wir in den grundlegenden Fragen des Daseins keine absoluten, unhinterfragbaren Gewissheiten besitzen, sondern bestenfalls nach der Wahrheit Suchende sind. Ernsthafter religiöser Glaube (und ernsthafter Atheismus ebenso) basiert auf einer existenziellen Entscheidung, die aufgrund von guten Gründen oder gewichtigen Indizien (nicht von zwingenden Beweisen) getroffen wird und die versucht, dem je größeren Anspruch der Wirklichkeit zu entsprechen. Es ist dann die Frage, welche Weltsicht, welcher weltanschauliche Interpretationsrahmen offen und weit genug ist, dass er erlaubt, die Wirklichkeit, die wir erleben, in möglichst all ihren Dimensionen und Aspekten zu berücksichtigen, dass er also nichts, kein Phänomen und keine Frage (auch nicht ultimative Fragen), ausklammern muss und alle Argumente ernsthaft prüfen kann.

2. Von woher können wir dann etwas über Gott und sein Wirken in der Welt sagen? Wir haben zwei grundlegende Bezugspunkte, von denen her wir zu Erkenntnissen über ein Wirken Gottes in der Welt kommen könnten: zum einen die allgemein menschlichen Erfahrungen und Erkenntnisse (und dazu gehört auch das weltweite, religionsübergreifende Fragen und Suchen nach dem Transzendenten und Umgreifenden), zum andern die Erfahrungen mit Gott in der Geschichte Israels und besonders in der Geschichte Jesu, wie sie in der Bibel bezeugt sind, in der Geschichte des Christentums ausgelegt werden und

in jeweils neuen Situationen Erfahrungen des Glaubens mit Gott erschließen können. Kurz gesagt haben wir also zwei Erkenntnisquellen: einerseits die heutige allgemeine Lebens- und Wissenswelt mit ihren Herausforderungen, andererseits die biblisch-christliche Glaubenswelt mit ihrer inneren Logik und ihrem existenziellen Anspruch. Beides gilt es miteinander in Beziehung zu bringen, damit es sich gegenseitig erhellen kann und wir so zu Einsichten kommen, die von der Bibel und von der Vernunft her begründbar sind.[54]

I. Abschied vom allmächtigen Gott?

Der Philosoph Hans Jonas (1903–1993), dessen Mutter in Auschwitz ermordet wurde, fragt in seinem kleinen Buch *Gottesbegriff nach Auschwitz. Eine jüdische Stimme* (Frankfurt/M. 1987), welcher Gottesbegriff *nach Auschwitz* überhaupt noch denkbar sei: „Für den Juden [...] ist Gott eminent der Herr der Geschichte, und da stellt ‚Auschwitz' selbst für den Gläubigen den ganzen überlieferten Gottesbegriff infrage. [...] Wer aber vom Gottesbegriff nicht einfach lassen will – und dazu hat selbst der Philosoph ein Recht –, der muss, um ihn nicht aufgeben zu müssen, ihn neu überdenken und auf die alte Hiobsfrage eine neue Antwort suchen. Den ‚Herrn der Geschichte' wird er dabei wohl fahren lassen müssen. Also: Was für ein Gott konnte es geschehen lassen?" (14)

Jonas versucht eine Antwort in zwei Stufen: Zunächst greift er auf die kabbalistische Zimzum-(= Kontraktions-)Lehre zurück: Gott müsse „sich in sich selbst zusammenziehen" und sich zurücknehmen, weil es sonst „kein anderes außerhalb Gottes geben" könnte (46). Durch Selbstbeschränkung eröffne Gott einen Raum für Welt und Freiheit, er lasse somit auch Böses zu. Aber, so wendet Jonas selbst ein: Müsste der gute Gott die eigene Regel äußerster Zurückhaltung nicht wenigstens bei himmelschreiendem Unrecht durchbrechen und mit einem rettenden Wunder eingreifen (40f)? Wenn also in Auschwitz *kein* Eingreifen Gottes erfolgte, so müsse das noch einen anderen Grund haben, als dass Gott nur die Eigenentfaltung der Schöpfung gewährleisten wollte.

Deshalb radikalisiert Jonas in einem zweiten Schritt das Zimzum der Kabbala zur totalen Selbstzurücknahme Gottes, zur Entäußerung in völlige Ohnmacht und in den Verlust jeder Souveränität gegenüber der Welt. Mit der Schöpfung, sagt er, hat Gott sich so ganz in die werdende Welt hineingegeben, dass er „nichts mehr zu geben“ hat (47). Gott schwieg in Auschwitz: „nicht weil er nicht *wollte*, sondern weil er nicht *konnte*, griff er nicht ein“ (41). Nur Gottes *Ohn*macht kann das Grauenvolle erklären (und dem Philosophen Jonas liegt daran, es zu erklären).

Offen bleibt bei Jonas, ob Gott sich wirklich so *völlig* in den Weltprozess *hineingegeben* hat, dass er überhaupt „nichts mehr zu geben“ hat und nichts mehr von ihm zu erwarten ist (also auch keine Gerechtigkeit für die in Auschwitz ermordeten Kinder), oder ob – wie Jonas auch sagen kann – Gott nur *„für eine Zeit*, die Zeit des fortgehenden Weltprozesses“, auf jede Einmischung in den Weltlauf verzichtet, ohne „sein eigenes Sein“ zu verlieren, dass er also zwar „nicht mit starker Hand“ (physisch) eingreift, aber „mit dem *eindringlichen Werben seines unerfüllten Zieles*“ (41f), und so z. B. „die Gerechten aus den Völkern“ zum Einsatz für verfolgte Juden motivieren konnte. Dann aber müsste ein Überschuss Gottes über die Welt festgehalten werden: die bleibende Transzendenz und Präsenz des göttlichen Grundes, der durchaus noch etwas zu geben hat.

Mit Recht hat sich Jonas gegen ein Verständnis Gottes gewandt, wonach Gott willkürlich und mit gewaltförmiger Macht (Psalm 77,16: „mit starkem Arm“) in den Weltlauf eingreift. Wir müssen ja einfach feststellen: Gott verhindert weder Naturkatastrophen (Tsunamis, genetische Defekte bei Neugeborenen, usw.) noch verhindert er große Menschheitsverbrechen (wie Auschwitz oder unseren verheerenden CO_2-Ausstoß).

Aber wirkt Gott deshalb gar nicht in der Welt? Hat er überhaupt keine Macht in der Welt?

Um nicht auf ganz falsche Fährten zu kommen, muss zuerst bedacht werden, was die große christliche Tradition meint, wenn sie „Gott" sagt, um dann zu fragen, was (All-)Macht Gottes heißen soll und wo wir ein Wirken Gottes annehmen könnten.

II. Was meint die große christliche Tradition, wenn sie „Gott" sagt?

1. Viele Zeitgenossen haben ja ein naives Gottesbild (das sie entweder annehmen oder aber als unannehmbar ablehnen, sodass sie Gott ablehnen zu müssen meinen): Sie verstehen unter „Gott" ein übergroßes Wesen, das über der Welt thront, das wie ein Riesen-Handwerker oder wie eine erste Ursache die Welt einmal am Anfang gemacht hat, und dann läuft's ohne ihn, und er sieht von oben zu, nur manchmal, an bestimmten kritischen Punkten, muss er von oben intervenieren.

Gott „da oben", „im Himmel" über unseren Köpfen? Der Biologe und bekennende Atheist Ulrich Kutschera z. B. *tut* Gott *ab* als „ein im Himmel schwebendes Geistwesen" und redet von „Göttern, Geistern und anderen übernatürlichen Wesen, die im Himmel schweben und hier unten etwas regeln". Das hat mit dem, was ein reflektierter biblisch-christlicher Glaube unter „Gott" versteht, sehr wenig zu tun. Denn wo er räumliche *Bilder* gebraucht („Ehre sei Gott in der Höhe", „Vater unser im Himmel", usw.), sind sie gerade nicht räumlich gemeint: Gott ist nicht oben im Himmel über unseren Köpfen, jedenfalls nicht nur dort.[55]

Ein Gott, der bloß im Jenseits sitzt, außerhalb der Welt, ihr nur gegenüber, und *in* ihr nicht vorkommt, ein solcher Gott wäre ja durch die Welt begrenzt, wäre also nicht grenzenlos, nicht unendlich, wäre eigentlich gar nicht „Gott", sondern nur ein von uns entworfener, beschränkter Götze.

Nach biblisch-christlichem Verständnis ist mit „Gott" etwas anderes gemeint: der nicht-begrenzte, absolute Urgrund und

Ermöglichungsgrund, der alles Weltliche trägt und allem Weltlichen ko-präsent ist, in allem gegenwärtig (allgegenwärtig, sagte man in der Tradition).

Mit anderen Worten: eine total andere Dimension, die nicht dort erst beginnt, wo die uns bekannten (vier oder elf) Dimensionen *enden*, sondern sie und alles durchdringt und allem zugrunde liegt. Das Wort Himmel („Vater unser *im Himmel*", „Our father in *heaven*", nicht in *sky*) will auf diese ganz andere Dimension und Wirklichkeit hinweisen, die überall da ist.[56]

Aber man stößt nicht an sie wie an ein Objekt. Wenn man Gott wie einen Gegenstand sucht, ob da oben (wie einst der sowjetische Kosmonaut Gagarin) oder hier unten, dann wird man ihn nirgends finden. „Überall ist er und nirgends" (heißt es in einem Kirchenlied[57]), nämlich nirgends so wie ein Gegenstand, an den man stößt.

2. Wenn Gott ein irgendwie räumlich-gegenständliches, übergroßes Wesen wäre, das nach Art des Endlichen (Materie, Luft usw.) ausgedehnt wäre, dann würde er überall, wo er ist, das Endliche verdrängen, ähnlich wie ein Gegenstand den anderen verdrängt, wenn er dessen Platz einnehmen soll (also wie z. B. Wasser beim Einschenken ins Glas die Luft verdrängt oder wie ich einen anderen verdrängen muss, wenn ich seinen Platz einnehmen will). Und dann wäre es in der Tat nötig, dass ein solcher Gott sich zurückzieht, sich selbst begrenzt, um überhaupt erst Raum freizugeben für die Welt (wie Hans Jonas annahm).

Aber die Wirklichkeit, die wir mit dem Wort „Gott" meinen, darf ja gerade nicht räumlich, gegenständlich, materie-artig oder luft-artig gedacht werden: Gott ist *un*gegenständlich und *über*gegenständlich (hat große christliche Theologie immer betont). Die Rede, Gott sei „Geist" (so z. B. Johannes 4,24), oder er sei „transzendental“ zu denken (so z. B. Karl Rahner), will genau dies andeuten. Raum, Atmosphäre, Energie, Macht/Kraft, Person, Vater, Herr – und selbst Geist oder Transzendenz – sind allesamt vom Endlich-Geschöpflichen genommene Modelle, die – metaphorisch (= übertragen), d. h. als Bilder, gebraucht – hinausverweisen auf eine ganz andere Dimension, auf den ganz Anderen, eben auf Gott. *Alle unsere Begriffe und Bilder werden zur verweisenden Geste.*[58]

In der Konsequenz bedeutet das: Vom absoluten Urgrund Gott muss angenommen werden, dass er von der Welt unterschieden ist, ja gewiss, aber dass er von ihr gerade nicht endlich-gegenständlich unterschieden ist wie ein übergroßer Gegenstand (wie ein Ding außerhalb der Welt), sondern dass er von der Welt *unendlich*-transzendental unterschieden ist: eben als *die total andere (transzendentale) Dimension und Wirklichkeit,* die allem zugrunde liegt und die zugleich auch in allem gegenwärtig ist, und zwar (transzendental-)diskret gegenwärtig ist und wirkt, nicht beengend und bedrängend wie ein Gegenstand oder wie ein Kontrolleur.

Diese ganz andere Dimension liegt jenseits aller physikalischen Dimensionen. Und sie hat auch nichts zu tun mit einem „materiell anders strukturierten Paralleluniversum“[59], sondern sie ist die *Ewigkeitsdimension* Gottes, die überall da ist, in unserem Universum und genauso in anderen Universen, falls es sie geben sollte.

Der Urgrund also in allem gegenwärtig, d. h. von allem unterschieden, aber nicht (deistisch) von ihm getrennt. Genau das meint der biblisch-christliche Schöpfungsbegriff: Er *unterscheidet* Gott und Welt, und er *verbindet* sie engstens (trennt sie also nicht, wie oft missverstanden wird).

3. Wenn man, wofür es gute Gründe gibt, einen *nicht*-endlichen, *nicht*-begrenzten, einen absoluten Urgrund der Welt (im erwähnten Sinn) annimmt, dann sind darin einige *formale* Bestimmungen enthalten. Dann muss man nämlich – noch ganz unabhängig davon, ob man noch *material-inhaltlich* etwas von diesem Urgrund sagen kann oder nicht – zumindest die folgenden *formalen* Aspekte festhalten (s. dazu auch weiter oben, S. 29–30):

a) Transzendenz: Als der nicht-begrenzte Urgrund kann er nicht kleiner, sondern nur noch größer sein als der gewaltige Kosmos; er muss alles *transzendieren* und umfangen. „In ihm leben wir, bewegen wir uns und sind wir", sagt die Bibel (Apostelgeschichte 17,28). Alles ist in Gott (in Gott von Gott begründet), sozusagen in das ewige göttliche Beziehungsnetz hineingeschaffen. Alles kommt schon immer in der unendlich aufgespannten Weite Gottes vor (auch wenn es sich gegen ihn verschließt). Dann gibt es überhaupt kein Außerhalb Gottes, und die Welt ist (anders als Hans Jonas meinte) *nicht außerhalb* Gottes.

b) Immanenz: Er kann nicht von der Welt getrennt sein (sonst wäre er ja durch sie begrenzt, also endlich). Dann aber muss er nicht nur alles umfangen, dann muss Gott *auch in allem* zuinnerst anwesend *(immanent)* sein. Dann wohnt der Schöpfer seiner Schöpfung selbst inne, ist in allem drin als das, was allem eigenes „Sein, Kraft und Aktivität" gibt (sagte Thomas von Aquin[60]). Die Bibel sagt es so: Alles ist erfüllt von seinem Atem, seinem Geist;[61] „in allem ist dein unvergänglicher Geist" (Weisheit 1,7; 12,1). Augustinus erläutert: Er ist mir innerlicher als mein Innerstes[62], aber transzendental, d. h. so diskret, dass er mein Ich und meine Freiheit nicht verletzt, sondern achtet. Gott in seiner ganz anderen Dimension, und gerade so an allem unmittelbar dran. – Also a) Transzendenz *um* uns, b) Transzendenz *in* uns.

c) Und wenn man wirklich ernst nehmen will, dass Gott der nicht-endliche Urgrund aller Welt ist, also auch der Urgrund von personalen Wesen wie uns Menschen, dann kann man zwar sicher nicht sagen, er sei Person, so wie wir begrenzte Personen sind, aber dann wird man festhalten müssen, dass er nicht weniger als personal sein kann, dass er die Qualität des Personalen (d. h. Intelligenz, Beziehungsfähigkeit, Freiheit) in sich haben muss, und zwar in eminenter Weise, sonst könnte er nicht Urgrund von personalen Wesen sein. Dann kann er also gerade *nicht unter-personal* (nicht bloß unpersönliche Energie) sein, eher *über-personal* (*sur*-personel, sagte Teilhard): eminent *beziehungsfähig*, ein „Ich-bin-da" bei euch (Exodus 3,14), ein unvergleichliches Ich oder Du[63]. –

Vielleicht könnte man also sagen: ein *um* uns und *in* uns schwingendes (noch anonymes) *Du*.

Der Urgrund (Schöpfer): zugleich welttranszendent, weltimmanent und nicht unterpersonal.[64]

III. Was erklären die Wissenschaften und was will die Frage nach Gott und seinem Wirken?

Harte Naturalisten tun die Annahme eines Urgrundes als Fiktion ab. Sie sagen: Wenn die Wissenschaften irgendwann alles erklären: Welche Notwendigkeit ergibt sich dann noch für die Annahme eines Gottes? Die Evolution erklärt doch alles, es hat sich alles entwickelt, da brauchen wir keinen Schöpfergott, der ist überflüssig. Wirklich?[65]

1. Was erklärt die Evolutionstheorie, was erklären die Wissenschaften eigentlich?

Sie erklären *ein* endliches Faktum durch ein *anderes* endliches Faktum, und dieses wieder durch ein anderes: eine unabschließbare Kette. Die Wissenschaften verbleiben dabei stets *innerhalb* der Welt bzw. innerhalb einer welt-artigen Größe. Das gilt auch für die Theorie vom Urknall, weil auch ein Urknall etwas voraussetzt, das explodieren konnte.

Alle wissenschaftlichen Erklärungen beschreiben Ursache-Wirkungs-Zusammenhänge *innerhalb* von Welt, und *dazu* brauchen sie *keinen* Rekurs auf einen Schöpfergott und sein Wirken.[66]

2. Was aber will dann die Frage nach Gott *als Urgrund* der Welt oder „Schöpfer"? Sie will *nicht* das wissenschaftliche Fragen nach Ursachen innerhalb der Welt beenden; das kann ungehindert weitergehen.

Wer nach Gott fragt, fragt – recht verstanden – nicht zurück nach einer ersten Wirk-Ursache, nach dem ersten Glied einer Ursachen-Kette, sondern er fragt nach dem Grund der ganzen

Kette, also nach dem, was die Kette als ganze begründet und trägt – und zwar in *jedem* ihrer Entwicklungs-Zustände (ob vor oder nach dem Urknall). Es geht um den Grund der ganzen Kette in jedem ihrer Entwicklungszustände!

Man muss scharf unterscheiden zwischen der Rückfrage nach Ursachen auf der empirischen Ebene und der Frage nach einem alles tragenden Urgrund auf seiner (fundierenden) transzendentalen Ebene. Wer Gott sagt, dem geht es um den absoluten Grund und Ursprung des Ganzen, aller Welt und allen Werdens (also um ein *Ungewordenes*, um die „durch nichts anderes bedingte absolute Bedingung", um den „Grund überhaupt", wie der Philosoph Robert Schnepf sagt[67]). Die Bibel sagt es so: „Ehe die Berge wurden, und die Erde und das Weltall geschaffen wurden, bist Du, Gott, von Ewigkeit zu Ewigkeit." (Psalm 90,2). –

3. Es geht also um die *dauernde* Begründung von *Welt überhaupt* und allen Wesen in ihr. Es geht nicht um etwas, was bloß einmal an einem vergangenen Anfang passiert ist. Die Naturwissenschaft fragt nach einem Anfang, der *vergangen* ist. Der Bibel (dem Schöpfungshymnus Gen 1) und der Theologie geht es um den Anfang, der *dauernd anwesend* ist, um das, was *(von Anfang an) immer* gilt, um den beständigen Urgrund[68]:

Es geht um das nie zur Vergangenheit werdende *ständige* Gründungsgeschehen, um das ständige Begründungsverhältnis zwischen dem, was ist, und seinem tragenden Grund Gott, um das Wunder des Seins und Werdens, um die letzte Bedingung der Möglichkeit von Welt überhaupt (und somit auch von Evolution). Alles (eben auch die Evolution) hat diesen ständigen Urgrund (und „Schöpfungsvorgang") zur Voraussetzung.

Logischerweise ist dieser dauernde transzendentale Urgrund *„verborgen"* (Jesaja 45,15: „fürwahr, du bist ein verborgener Gott"): Er ist unserer sinnlichen Anschauung und empirischen Wissenschaft *entzogen*, weil er ihnen immer schon zugrunde liegt. Er kann aber erahnt werden, wenn (mit Leibniz, Schelling, Heidegger, Wittgenstein) gefragt wird „Warum ist überhaupt etwas und nicht vielmehr nichts?", oder wenn ich das *Dass* der Welt und der Dinge in seiner *Nicht*-Selbstverständlichkeit staunend wahrnehme[69], oder wenn ich sie als „gegebene" mit Dankbarkeit empfange, ihren Geschenkcharakter empfinde.

Kurz: Die Frage nach Gott zielt auf den *transzendentalen* Ermöglichungsgrund allen Seins, der *in allem Seienden wirkt.*

IV. Wirkt Gott in allem unterschiedslos gleich?

Juden und Christen haben darüber nachgedacht, wie man das verstehen soll, dass Gott in allem ist und in allem wirkt. Ist und wirkt er dann in allem gleich, ohne Unterschied? Ist er in den Naturgesetzen und in der Evolution genauso wie in der Liebe, ist er im Guten wie im Bösen, einfach der Geist all unserer Strebungen und Triebe, wie sie eben so sind und laufen?

Gegen solche Kurzschlüsse unterscheiden Rabbinen und christliche Theologen zwei verschiedene Weisen oder Stufen, wie Gott in der Welt da ist und wirkt.[70]

1. Erste, basale Stufe: In *allen* Wesen – vom Lepton und Quark und Atom über die Mikrobe bis zum Säugetier und zum Menschen – ist und wirkt Gott so, dass er ihnen „Sein, Kraft und Eigenaktivität" verleiht (kann man mit Thomas von Aquin sagen; oder mit Luther: So wirkt der spiritus animans et vivificans in allen Wesen). Darauf sind alle ständig angewiesen. Und so kann ich Gott in allen Dingen *suchen*. Durch dieses (verborgene) allgemeine und ständige Schöpferwirken erhält Gott alle Wesen, und zwar auch dann, wenn sie damit Schlimmes anfangen: Dann widerruft er die Seinsverleihung nicht, entzieht ihnen nicht das Sein, sondern hält sie aus, *erträgt* sie, *erleidet* sie. So ist der Atem des Göttlichen in allen Wesen. Auch der Sünder und der Verbrecher leben noch von der Treue Gottes, die sie im Sein erhält.

Aber so kommt Gott noch gar nicht zum Zug mit seinen eigentlichen Zielen (wie Christen sie der Bibel und dem Evangelium Jesu entnehmen). Vieles in der Natur und der Evolution, im Weltlauf und im Leben der Menschen ist deshalb für die Bibel *nicht* Wirken Gottes (vgl. z. B. 1 Könige 19,11–12, die Gott-Erfahrung des Elija am Horeb: „Gott war nicht im Sturm, nicht im Erdbeben, nicht im Vulkan-Feuer", sondern „in der Stimme verschwebenden Schweigens", wie Martin Buber übersetzt). Nicht alles, was die Evolution tut (Erdbeben, Tsunamis, genetische Defekte usw.), ist Wirken Gottes oder ist gott-gewollt.

In der Natur zeigt sich Gott nur undeutlich (seine Herrlichkeit ist an der Natur nur begrenzt abzulesen, z. B. am schönen Alpenpanorama oder am Ätna: Der eben noch bestaunte Berg kann auch bedrohlich werden, und vor allem bleibt er im Entscheidenden stumm). Blaise Pascal meinte: Die Natur bietet mir zu viele Spuren, um Gott schlechterdings zu leugnen, und zu wenige, um sicher zu sein[71] (er selbst hat, bewegt durch eine ihn tief erschütternde Gotteserfahrung, auf den Gott Abrahams und Jesu gesetzt). Und wegen dieser tiefen Zweideutigkeit der Natur meinte Martin Luther, dass, auch wenn Gott in den Kreaturen ist und sie Spuren Gottes sind, sie doch nur „Larven" oder „Masken" Gottes sind. Die Vernunft kann Gott in der Natur nicht finden, sie „spielt Blindekuh mit Gott und tut eitel Fehlgriffe und schlägt immer daneben, dass sie Gott heißt, was nicht Gott ist, und wiederum nicht Gott heißt, was Gott ist" (WA 19, 207[72]). Sie bekommt im Natur- und Weltlauf höchstens die „Rückseite Gottes" zu sehen, den *verborgenen* Gott (und da bleiben all die Warum-Fragen), aber vom Abgrund göttlicher Weisheit und Barmherzigkeit „da weiß sie nicht einen Tropfen von" (WA 46, 669). Der wird erst offenbar durch sein Wort, besonders in Leben, Sterben und der Auferstehung Jesu Christi.

Die Naturgesetze und die Evolution sind noch nicht das eigentliche Wirken Gottes, sie sind die – freilich dynamisch sich entwickelnde – Bühne: Welches Stück auf ihr gespielt wird, hängt von den in ihre Eigendynamik freigegebenen Wesen ab; der schöpferische Urgrund hat es aus der Hand gegeben, in die Hand der werdenden Wesen und in unsere Hand.[73]

2. Während also Gott in allen Wesen zumindest so wirkt, dass er allem Sein, Kraft und Eigenaktivität gibt, was auch immer die Wesen damit anfangen, kann Gott auf einer zweiten Intensitätsstufe noch ganz anders in der Welt gegenwärtig werden und wirken: Dann nämlich, wenn und soweit Menschen sich für andere öffnen und damit Gott mit seiner allen geltenden Güte in ihr Leben „einlassen" (wie der Rabbi sagte, s. weiter oben, S. 41) und in sich zulassen. Dann kann er ihnen „einwohnen", ähnlich wie der Geliebte im Innern des Liebenden wohnt (meinte Thomas von Aquin), oder (wie Luther formulierte) dann kann der spiritus sanans et sanctificans (der heilende und heiligende Geist) in ihnen sein und durch sie wirken.

Wie kommen Christen zu solchen Annahmen? Es ist die Erfahrung mit Gott im Umgang mit Jesus Christus (mit seinem Leben, Geschick und seiner Botschaft), die schon das NT so zusammenfassen kann, dass es sagt: Gott, die transzendental alles begründende Wirklichkeit, zeigt sich hier als Güte; Gott ist *agápe* = Liebe[74] (1 Johannes 4,8.16), ist Güte (Markus 10,18; Matthäus 7,11; 20,1–15; Lukas 15; Titus 3,4). Eine kühne Annahme, auf die ich im nächsten Unterpunkt genauer eingehe. Das Neue Testament hat deswegen – von der Gotteserfahrung im Umgang mit Jesus her – ein *inhaltliches Kriterium* für die Erkenntnis von Gottes Wirken in der Welt. Mit den Worten des alten Lieds: „Wo die Güte und die Liebe, da ist Gott" – und dort wirkt Gott. Ubi caritas, ibi Deus est – et agit.

Der Blick auf Jesus Christus erlaubt es Christen zu sagen: Überall, wo Menschen lieben – im Sinn der *agápe* (d. h. jener Liebe, die den anderen als Person bejaht, auch wenn er mir nicht sympathisch ist und mir nichts bringt), da wirkt der Geist Gottes. Überall, wo Menschen nicht nur das Ihre suchen, sondern auch das des anderen, wo sie eigene Ansprüche zurückstellen und das Prinzip Eigennutz übersteigen zu uneigennützigem Geben und Helfen (auch wenn der andere nichts zurückgeben kann), da ist Gottes Geist am Werk. Überall, wo Menschen sich gegen Unrecht und für Gerechtigkeit für andere einsetzen, auch wenn es ihnen Verzicht und Opfer abverlangt, da wirkt Gott (vermittelt) durch sie.[75]

Wo hingegen Agape nicht gelebt wird oder gar ihr Gegenteil, da kann Gott als er selbst (mit seiner Güte) in der Welt auch nicht „vorkommen". Und dann muss man sich nicht wundern, wenn man ihn dort auch nicht findet.

Insoweit also Menschen sich für andere öffnen, geben sie damit dem Geist und der Güte Gottes Raum (ob sie nun an Gott denken und glauben oder nicht). Und *insoweit* kann Gott mit seinen eigentlichen Intentionen in der Welt zum Zug kommen (mit Erbarmen, Güte, Bejahung, Gerechtigkeit, Wohlergehen, Heil für alle), insoweit kommt er mit seinem *eigentlichen Heilswirken* zum Zug.

Nochmals anders gesagt: Wo Menschen Agape leben, also ein Stück weit auf Selbstdurchsetzung verzichten, um den anderen zur Geltung kommen zu lassen, da nehmen sie ihre *Eigenmacht zurück*. Und in dieser *Machtlosigkeit* der sich nicht mit Macht durchsetzenden Güte gewinnt Gott Raum und *Macht* in der Welt. In diesem Sinne (so hat Dietrich Bonhoeffer in der Haft geschrieben) ist Gott selbst „ohnmächtig und schwach in der Welt, und gerade so und nur so ist er bei uns und hilft uns“[76].

Das alles können Christen letztlich nur sagen von Leben, Sterben und der Auferweckung Jesu Christi her, von der mit Jesus gemachten Gotteserfahrung her. Deswegen wenigstens kurz etwas zu Jesus Christus, in dem Christen nochmals ein neues Niveau erreicht sehen:

3. Der Atheist Ernst Bloch hat über Jesus geschrieben: „Hier wirkte ein Mensch als schlechthin gut, das kam noch nicht vor.“[77] Ein starker Satz für einen Atheisten. Bloch hat nicht weiter gefragt, wie das überhaupt möglich ist, dass da ein Mensch als schlechthin gut wirkte, was noch nicht vorkam. Wer von uns wirkt denn als schlechthin gut?

Bei Jesus, so könnte man sagen, war es möglich, weil er ganz offen[78] war für den grenzenlosen Gott, von ihm her lebte und deshalb *grenzenlos* liebte. Er hat nicht das Seine gesucht, war leer von aller Eigensucht, und so konnte – in der Reinheit seiner uneigennützigen Hingabe für andere (in seiner Pro-Existenz) – Gott sich selbst offenbaren, sich *mit seinem wahren Wesen* gegenwärtig machen, sprechen und wirken: als die *für alle* entschiedene Güte und Liebe.[79] Das ist die christliche Grundüberzeugung.

Anders und mit Johannes 1,14 formuliert[80]: In ihm hat sich die Inkarnation (die Einfleischung) des Logos (der Selbstaussage und Logik) Gottes ereignet. In seiner Person ist – innerhalb der Welt mit ihren Gesetzen des Eigennutzes und des Verdrängens – *die Logik Gottes* real und sichtbar geworden, die Logik des Gebens und Sich-Hingebens. Sie hat in ihm Raum gewonnen, so sehr, dass er auch noch seine Peiniger mit vergebender Entfeindungsliebe umfing und die Ohnmacht des

Ausgeliefertseins am Kreuz riskierte.[81] So hat hier die Logik Gottes, die Logik des Gebens und Sich-Hingebens, die andere Logik der Welt zu verändern begonnen.[82]

Deshalb sehen Christen Gott durch Jesus hindurch, der ihnen ganz transparent ist auf Gott hin: Dieser eine Mensch ist der Immanuel, d. h. „Gott-mit-uns" (Matthäus 1,23): Gott in diesem Menschen bei uns da. Gott in einem Menschen „unvermischt und ungetrennt" gegenwärtig, wirkend, sprechend (so das Konzil von Chalkedon 451). *An Jesus Christus lesen Christen ab, wer Gott ist, wie er zu uns ist und wie er in der Welt wirkt.*

Weil er so wirkt, wie es in der Geschichte Jesu aufleuchtet, deshalb konnte er damals wirken, und so wirkt er deshalb auch heute (dies zu dem eingangs erwähnten Disput zweier Studenten).

Erst aus der so (von Jesus her) gewonnenen Perspektive finden Christen *dann* auch in der Natur und in der Geschichte *Spuren* des Wirkens Gottes. Es ist wie mit den Spuren eines Tieres im Schnee: Wir können sie nur lesen, wenn wir das Tier schon kennen. So finden Menschen in der Welt Spuren Gottes nur dann, wenn sie schon eine Ahnung von Gott haben, auf der Suche nach ihm sind, mit ihm zurechtzukommen versuchen. Anders finden sie in der Welt keine Spuren Gottes.

V. Die prekäre Allmacht Gottes: Sich-Geben, Freigeben und Werben

Die Logik von Gottes Wirken wird also für Christen in Leben, Sterben, Auferstehung und Botschaft Jesu erkennbar (offenbar). Und das hat für sie Folgen auch für das Verständnis der spezifischen Macht Gottes. Dann muss nämlich die Allmacht Gottes mit seiner gebenden und freigebenden Güte zusammengesehen und von ihr her verstanden werden, d. h. die Allmacht muss als Fähigkeit gedacht werden, das Andere (Welten, Wesen, Menschen) überhaupt erst *sein* zu lassen und es *frei* zu machen.

1. Der dänische Philosoph Søren Kierkegaard (1813–1855) hat das 1846 in einer Tagebuchnotiz sehr feinfühlig beschrieben[83]: „Das Höchste, das überhaupt für ein Wesen getan werden kann, ist dies: Es frei zu machen. Eben dazu gehört Allmacht, um das tun zu können." Denn alle *endliche* Macht ist so, dass sie entweder sich *gegen* den andern durchsetzt, ihn also zwingt, oder aber, dass sie (aus Angst, sich zu verlieren) in ihrer Macht und Eigenliebe gefangen bleibt und darum ein verkehrtes Verhältnis zu dem bekommt, den sie freimachen will, ihn nicht wirklich frei macht, sondern abhängig hält. Ganz anders die Allmacht Gottes: Sie ist Güte, denn sie „vermag zu *geben*, ohne doch das Mindeste von ihrer Macht preiszugeben", sie kann *sich ganz hingeben* (ohne Angst vor Selbstverlust), und so kann sie den andern wirklich frei machen, ja „ein der Allmacht gegenüber unabhängiges Wesen" (mit Eigenmacht) hervorbringen.

Um dies von unserer menschlichen Ebene her einigermaßen verständlich zu machen, spielt Kierkegaard auf die *höchste* Möglichkeit an, die wir Menschen kennen: die *uneigennützige* Liebe, die, indem sie sich dem andern hingibt, sich zurücknimmt, und so den andern wirklich er selbst sein lässt (sogar mehr er selbst sein lässt, ihm mehr Freiheit zuspielt als ohne diese Beziehung, sodass er sich aus dieser gar nicht emanzipieren möchte)[84]. Eine entfernte Analogie, die erhellend wirkt.

Und später (1850) fügt Kierkegaard noch Folgendes an[85]: „Es ist unbegreiflich, das Wunder der allmächtigen Liebe, dass Gott wirklich einem Menschen so viel einräumen kann, dass Gott, was ihn selbst betrifft, nahezu wie ein Freier [sozusagen auf Freiersfüßen, H. K.] sagen wollen kann (hier liegt das schöne Wortspiel: frei zu machen, zu freien): Willst du mich haben oder nicht? – und so eine einzige Sekunde auf die Antwort zu warten". Gott, der um uns freit und auf unsere Antwort wartet: Was für eine Konstellation![86] Unsere Freiheit: für Gott das einzige Tor, um in des Menschen Herz zu gelangen![87]

2. Was Kierkegaard hier auf den Menschen bezogen erkennt, das gilt es in analog abgestufter Weise auch bezogen auf die übrige Schöpfung zu denken. Etwa so: Alles-was-ist existiert ständig aus seinem transzendenten göttlichen Ur- und Ermöglichungsgrund, aus der Freigabe ins Eigensein. Gottes Schöpfungswirken ist Freigabe ins Eigensein: Alles Geschaffene ist in seine relative Eigenständigkeit und Eigenaktivität hinein freigegeben. Das hat zur Folge, dass alles Geschaffene – vom Urknall an – Wege zu beschreiten vermag, die ihm nicht deterministisch von Gott vorgezeichnet sind. Wenn Gott die Dinge in ihre Eigendynamik hinein freigibt, dann gibt er ihnen endliche *Eigenmacht*, die er voll respektiert (also nicht im Kon-

fliktfall widerruft). Das bedeutet: Er muss darauf verzichten, auf der Ebene der endlichen Kräfte so einzugreifen, dass er ihr Wechselspiel willkürlich verändert.

Zwar kann nicht ausgeschlossen werden, dass Gott, der die Werdewelt begründet und aus seiner anderen (transzendentalen) Dimension heraus an allem unmittelbar dran ist, (in seiner Allmacht) auch die Fähigkeit hätte, in das Spiel der endlichen Kräfte da und dort punktuell einzugreifen. Aber wenn er derart interventionistisch eingreifen würde, dann würde er erstens seine eigene Freigabe der geschöpflichen Kräfte in (von ihm nicht gesteuerte) Eigendynamik nicht ernst nehmen, sondern widerrufen, und zweitens würde er sich dem Verdacht der Willkür aussetzen. (Weshalb soll die Bitte des einen Menschen erhört werden, die des andern aber nicht? Selektives Eingreifen würde die Ungerechtigkeiten nur noch verschärfen.)

Indem Gott also darauf verzichtet, willkürlich da oder dort punktuell einzugreifen, beschränkt er sich *„in der Äußerung* seiner Allmacht" (wie Kierkegaard sehr genau formuliert); er bindet sich an das Wirken der Geschöpfe, auch wenn dessen Ergebnisse längst nicht immer seinem guten Willen und seinem Ziel entsprechen. So muss Gott in Kauf nehmen, dass nicht erst der Mensch, sondern auch die vormenschliche Natur oft seltsame Wege geht, die nicht immer gott-gewollt sein müssen. Deshalb meinte Teilhard de Chardin[88], dass Erschaffen für Gott „keine Vergnügungsreise" sei, sondern ein Risiko und ein Drama, in das er sich selbst ganz und gar einlässt und von dem er – weil er an allem unmittelbar dran ist – selbst ganz radikal betroffen ist.

3. Die Logik des christlichen Schöpfungsglaubens impliziert: Gott verzichtet darauf, auf der empirischen Ebene der ge-

schöpflichen Wirkkräfte willkürlich einzugreifen. Er zwingt die Dinge nicht in eine (von ihm) bestimmte Richtung, sondern er ist Urheber von Kreativität: „Gott macht, dass die Dinge sich selber machen" (hat Teilhard de Chardin formuliert[89]). Er ermöglicht den Dingen aber nicht nur, sich selber zu machen, sondern auch, sich selbst und die eigenen Möglichkeiten aktiv zu überschreiten und so eine neue Seinsstufe und Seinsqualität zu erreichen. In Karl Rahners Worten: Durch seinen *transzendentalen* schöpferischen Einfluss ermöglicht Gott den Dingen die „aktive Selbstüberschreitung" hin zu Neuem, das *nicht* schon *keimhaft* in ihnen *angelegt* war.[90]

Dabei muss Gott nicht an bestimmten Punkten oder Lücken im Weltprozess (z. B. bei der Entstehung des ersten Lebewesens aus anorganischer Materie oder beim ersten Auftreten von Bewusstsein) „von oben" oder von außen (direkt formend und steuernd) eingreifen, weil er allem Geschaffenen transzendental-dialogisch immanent ist und ständig von innen her wirkt.

In dem spannungsvollen Prozess seiner sich entwickelnden Welt sind *stets beide* – der transzendental ermöglichende Gott und das zu Eigenaktivität/Kreativität freigesetzte Geschöpf – je auf ihrer Ebene ganz beteiligt und *wirken unentwirrbar zusammen* (wie sie zusammenspielen, ist *uns* undurchschaubar, da wir nicht auf der transzendentalen Ebene Gottes sind!). Aus der Sicht des Glaubens hängt *alles* Geschehen in der Welt zugleich von Gott (dem aus seiner transzendental anderen Dimension heraus wirksamen Grund) und von den Geschöpfen ab. Beide Ebenen sind nicht getrennt. Die empirische Ebene und die transzendentale Ebene Gottes liegen *ineinander*, nicht über- und untereinander. (Zu den Modellen des Zusammenwirkens zwischen Gott und den Geschöpfen s. weiter unten, S. 83–84).

4. Nun möchten manche dem Wirken Gottes dort einen Platz reservieren, wo die Naturwissenschaften auf schwer lösbare, vielleicht sogar unlösbare Probleme stoßen, etwa bei der Frage nach der Entstehung des ersten Lebewesens aus unbelebter Materie, ein bis heute ungelöstes Problem, wie Biologen auch zugeben.

Der Wiener Biochemiker Peter Schuster, der zusammen mit Manfred Eigen ein Modell (das Modell des „autokatalytischen Hyperzyklus") entwickelt hat, um die Entstehung der lebenden Zelle aus einer Ursuppe zu erklären, gesteht: „Wir können mit all dem heutigen Wissen keine einzige Zelle herstellen."[91] Das ist in der Tat richtig, erklärt der Frankfurter Zellforscher Jürgen Bereiter-Hahn (Mitglied im von mir geleiteten Frankfurter Arbeitskreis Naturwissenschaft und Theologie), und fügt hinzu: „Die Frage ist allerdings, wie die Ausgangsmaterialien beschaffen sind." Da müsse man zweierlei unterscheiden: „Wenn man als *Vorgaben* Teile von *lebenden* Zellen nimmt, dann kann man daraus wieder lebende Zellen herstellen. Wenn man aber *anorganische* Vorgaben nimmt, dann können daraus zwar einige Bausteine für Leben, Aminosäuren, entstehen, und die können wir auch selber chemisch herstellen. Aber Leben ist das noch lange nicht: Der Sprung von Aminosäuren oder auch Ketten von Aminosäuren zu einer lebenden Zelle ist unvorstellbar groß, auch zu einfachsten Formen von Leben."[92] Wir wissen also nicht, wie der Schritt von lebloser Materie zum Leben möglich ist.

Wir wissen nicht, wie aus einem Zusammenspiel der Stoffe, die für Leben erforderlich sind, dann wirklich der Übergang zu Leben erfolgt ist. Wir wissen es nicht (und können es nicht künstlich machen). Wir wissen es *noch* nicht, sagen Naturwissenschaftler lieber. Werden wir es je wissen (und können)?

Glaubende sollten vorsichtig sein, sie sollten nicht solche Wissenslücken ausschlachten, um dort Gott reinzustecken und zu sagen: Da wirkt Gott. Gott bloß in solchen Lücken unterzubringen wäre nicht nur äußerst kurzsichtig, es wäre vor allem auch ein viel zu schmaler, dürftiger Platz für die unendliche, überall gegenwärtige Dimension und Wirklichkeit Gott, die doch auch in allem ganz Gewöhnlichen, Alltäglichen und Kleinen gegenwärtig ist.[93] Wer sagt, für das Normale sei die Natur zuständig und nur für das Besondere, Unerklärliche dann Gott, der macht Gott zum begrenzten Lückenbüßer.

Der Glaube an einen Urgrund und Schöpfer will nicht fehlende naturwissenschaftliche Erklärungen ersetzen oder noch vorhandene Lücken füllen (mit einem beschränkten Lückenbüßergott), sondern er will *das Ganze* in seinem *Sinn* verstehbar machen. Er spannt einen *umfassend weiten Horizont* auf, in dem alles *(alles!)* sich nochmals anders darstellt.

Dann wirkt Gott innerhalb der (von ihm ständig im Sein gehaltenen) Welt *fortwährend in* den Geschöpfen und vermittelt *durch* sie. Er wirkt nicht neben (oder nach oder in Lücken zwischen) dem Wirken der Geschöpfe, sondern er wirkt *durch* das Wirken der Geschöpfe, die er in ihre Eigenaktivität freigibt und denen er nicht nur ermöglicht, dass sie sich selber machen, sondern auch, dass sie sich und ihre eigenen Möglichkeiten aktiv überschreiten können und so eine qualitativ neue Entwicklungs- und Seinsstufe erreichen. Das ermöglicht Gott den Dingen durch seinen inneren schöpferischen Einfluss und seine auf ein Ziel hin verlockende Anziehungskraft. Er muss nicht an bestimmten Punkten oder Lücken von außen eingreifen, weil er schon längst in allem „drin“ ist und ständig von innen her dialogisch wirkt.

Exkurs: Modelle des Zusammenwirkens von Gott und Geschöpfen?

Wenn man das *Wie des Zusammenwirkens* von Gott und Geschöpfen genauer verstehen will, dann kommt man in schwierige und letztlich nicht lösbare Probleme.[94] Denn dann ist ja nicht so zu denken, wie zwei endliche Gegenstände oder zwei begrenzte Personen auf ein und derselben endlichen Ebene zusammenwirken; alle derartigen Verhältnisse scheiden also als Modelle aus. Sondern es ist zu bedenken, wie Gott von seiner transzendentalen Ebene (auf der wir alle nicht sind, die wir deswegen auch nicht erfassen können) auf die Geschöpfe einwirkt, ohne sie in ihrer Eigendynamik oder Freiheit zu beeinträchtigen.

Lässt sich Gottes transzendentales Einwirken wenigstens *analog* zur Handlungskausalität denken, wo – anders als bei der Naturkausalität – etwas Geistiges (ein Motiv) etwas Materielles verursacht? Hier wären alle metaphysischen Konzepte, die den Gegensatz Geist-Materie ohne Reduktion überbrücken (Aristoteles, Thomas von Aquin, Alfred N. Whitehead, Charles Hartshorne, Charles S. Peirce und andere), auf ihre Stimmigkeit, Ergiebigkeit und erhellende Kraft hin zu überprüfen.

Der Biochemiker und Theologe Arthur Peacocke hat vorgeschlagen, als *Modell* die menschliche Person zu nehmen, die einen zentrierenden Einfluss auf die willensgemäßen Aktivitäten ihres Körpers ausübt, ohne die Gesetzmäßigkeit der Mikroereignisse auf deren Ebene außer Kraft zu setzen.[95] Aber dieser Vergleich hinkt gewaltig, weil die menschliche Person endlich ist und zugleich von den Mikroereignissen in Gehirn und Körper mitkonstituiert wird, von ihnen abhängig ist (während man bei Gott festhalten muss, dass er auch ohne die Geschöpfe Gott ist). Oder gibt es auch im Menschen etwas, das, so sehr es in Korrelation mit Gehirn und Körper steht, letztlich doch auch unabhängig von ihnen sein kann (vgl. das ungelöste Leib-Seele-Problem)[96]? Erst dann wäre eine Analogie möglich.

Wie Gott von seiner transzendentalen Ebene und die Geschöpfe zusammenwirken, das wurde in der christlichen Theologie an zwei Themen zu durchdenken versucht (ohne dass man eine positive Klärung geben konnte): am Zusammen von Gott und Mensch in Jesus Christus und am Zusammenwirken von Gnade und Freiheit.[97] Das Konzil von Chalkedon formulierte im Jahre 451 zum erstgenannten Thema: In Jesus Christus sind und wirken Gott und Mensch *„unvermischt* und *ungetrennt"* zusammen (salva proprietate utriusque naturae: Gott bleibt Gott und der Mensch bleibt Mensch). Das Konzil formulierte bewusst *nur negativ* („*un*vermischt und *un*getrennt"), im Bewusstsein, dass wir das Wie des Zusammen *positiv nicht* weiter klären können. Alle nachfolgenden Spekulationen darüber, wie die *transzendentale* (!) Person des Gott-Logos oder Gottessohns auf den *endlichen* Menschen Jesus von Nazaret wirkt, ohne ihn in seinem vollen Menschsein (mit eigenem Willen und eigenem begrenzten Wissen) zu beeinträchtigen, führten auch nicht weiter.

Immerhin haben Maximus Confessor (580–662) und Karl Rahner (1904–1984) noch sagen können: Je mehr ein Mensch mit Gott geeint ist, desto mehr ist er Mensch; je abhängiger ein Mensch von Gott ist, desto eigenständiger/freier (nicht unfreier) ist er. Sich-von-Gott-abhängig-Wissen und Frei-Sein wachsen im gleichen, nicht im umgekehrten Sinn.

VI. Ständige Interaktion Gottes mit den Geschöpfen?

1. Alles in der Welt, vom Urknall an, geschieht also in einer ständigen Interaktion Gottes mit den Geschöpfen, in einem – mehr oder weniger gut gelingenden und sehr oft auch *misslingenden* – „Dialog" beider. Wir sind es gewohnt, von einem Dialog zwischen Gott und Mensch zu sprechen. Aber aus der Logik des Gottes- und Schöpfungsglaubens heraus ist ein solch „dialogisches" Verhältnis Gott–Welt nicht erst auf der Ebene des Menschen anzunehmen, sondern – in analoger und graduell abgestufter Weise – schon im vormenschlichen Bereich und im kosmischen Prozess von Anfang an, auch wenn unser Denken hier an Grenzen stößt.

Gott darf daher nicht undialogisch als der verstanden werden, der selbst (sozusagen eigenhändig) die Strukturen, Muster, Symmetrien im kosmischen Prozess und dann die Dinge und die Lebewesen wirkt. Oder der selbst das Massenaussterben der Dinosaurier oder Tsunamis oder genetische Defekte wirkt. Gott macht nicht direkt die Dinge so, wie sie sind. Die Natur ebenso wie die Menschen gehen eigene Wege, die nicht gott-gewollt sein müssen.[98]

Man darf einem von Geburt an behinderten Menschen nicht sagen: Gott hat dich so gewollt und so geschaffen. Aber man darf ihm sagen: Gott hat *dich* gewollt, und zwar so, wie du selbst im Tiefsten zu sein dich sehnst.

Noch einmal: Von der Logik des christlichen Glaubens her ist ein Dialog nicht nur anzunehmen zwischen (dem Ziele vorgebenden und werbenden) Gott und den (freigelassenen, umworbenen) Menschen, sondern – in analoger und graduell abgestufter Weise – ist ein Dialog auch anzunehmen zwischen Gott und den (in ihre Eigendynamik freigelassenen) vormenschlichen Lebewesen und Kräften, die aber für seine Absichten nicht immer geeignet, für seine Zielvorgaben und seinen Einfluss nicht immer offen sind.

Gott ist – metaphorisch gesprochen – in ständigem Gespräch mit seinen Geschöpfen. Man kann sich das z. B. mit dem großen Mathematiker, Physiker und Philosophen Alfred N. Whitehead so vorstellen: Alle Dinge haben einen physischen Pol und einen (analog) psychischen oder mentalen Pol. Und Gott wirkt so, dass er dem psychischen oder mentalen Pol der Dinge neue Möglichkeiten präsentiert und so die Dinge zur Realisierung neuer Möglichkeiten verlockt.[99]

Oder man kann mit Thomas von Aquin[100] denken, dass Gott durch die Anziehungskraft des Guten wirkt. Wenn der Urgrund (die Urkraft) des Kosmos Güte (Agape) ist, also eine unbedingt bejahende Größe, dann ist er – im eigentlichen Sinne – in den positiven Dynamiken am Werk, im Antrieb zum Guten, in der Sehnsucht danach. Jeder Mensch sucht ja in seinem tiefsten Innern das Gute (das letztlich Gott selbst ist), nur vertut er sich faktisch oft und macht sein Suchen des Guten an Dingen fest, die es nicht bringen. Und so – meint Thomas – liege auch in den vormenschlichen Dingen eine Ausrichtung auf das Gute, ein Streben, welches sie geneigt mache, dem Anreiz des Guten zu folgen, etwa dem Anreiz zur Vereinigung und Vergemeinschaftung (könnte man mit Teilhard sagen).

Teilhard de Chardin hat ja angenommen, dass in alles die vorantreibende (Geist-)Kraft, die Tendenz zu Vereinigung und

Vergemeinschaftung hineingelegt ist: Das Neue, das entsteht, wird jeweils durch Ausdifferenzierung und Integrierung in größere Zusammenhänge: Das gilt vom Atom und Molekül bis zum Organismus; und auch der Organismus zentriert sich mehr und mehr und gewinnt im Menschen „*eu*-zentrierte", personalisierte Gestalt, die ihrerseits wieder nach einer – das Personsein nicht mindernden, sondern fördernden – Vergemeinschaftung (in frei-gebenden Beziehungen) strebt, nicht nur in Gruppen mit ihren Gruppenegoismen, sondern in einer großen Menschheitsfamilie.[101]

Oder man kann mit Karl Rahner sagen: Gott hat sich selbst zur (diskret-) innersten Dynamik der Welt und ihrer Geschichte *im Ganzen* gemacht, ohne aber den Teilprozessen und Einzelgeschöpfen seine Gesamtintention als Determinante aufzuzwingen.[102]

Jedenfalls ist aus der Logik des christlichen Glaubens festzuhalten, dass Gott nicht von sich aus die einzelnen Dinge zurechtrückt, sondern sich dialogisch jeweils auf die neuen Konstellationen einstellt und – vermittelt durch naturale und menschliche Wirkkräfte und ihre Interdependenz – immer neue Impulse gibt, Inspirationen, Winke, Zeichen, Angebote, die auf sein Ziel hin anziehend und werbend hinlocken: auf sein Ziel eines universalen guten Miteinanders. Er eröffnet Möglichkeiten und gibt Leithorizonte vor, lädt ein, wirbt, lockt (wie die Prozesstheologie sagen kann). Oder wie Hans Jonas sehr schön sagen konnte: Er wirkt „mit dem eindringlichen Werben seiner unerfüllten Zieles" (s. o., S. 61).

2. Wie weit dies gelingt, hängt natürlich davon ab, wie beweglich, *wie empfänglich* ein Geschöpf für solch anbietendes Geben und Wirken ist, wie ansprechbar es für solch werbendes Wir-

ken ist. Die Unterschiede zwischen den Menschen hinsichtlich der Ansprechbarkeit durch Gottes (motivierende) Güte sind groß. Auch die Prozesse in der Natur sind für seine Absichten *nicht alle geeignet und offen*. Was die Anziehungskraft der zusammenführenden Güte Gottes in der Natur bewirken mag, bleibt für uns weitgehend im Dunkeln – obwohl wir inzwischen Erstaunliches erkennen können. Man denke nur an die unglaublich vielen Merkwürdigkeiten, Unwahrscheinlichkeiten, Zufälle in der Evolution, ohne die unser blauer Planet und wir Menschen nie möglich geworden wären und die man als Hinweise auf einen übergeordneten Sinn- und Wirkzusammenhang verstehen kann (s. auch weiter oben, S. 22–24).

So z. B. die Feinabstimmung: Hätte sich in den frühesten Nanosekunden nach dem Urknall auch nur *eine* der vielen Naturkonstanten (37 kennt man bisher) mit einem geringfügig anderen Wert eingependelt, so wäre in unserem Universum nie Leben möglich geworden. Oder erstaunlich, dass in den Hochöfen der Sterne sich gerade all die für Leben notwendigen Stoffe herausgebildet haben. Oder die geradezu ausgeklügelte Konstellation zwischen Sonne-Erde-Mond-Jupiter: Unsere Sonne (nicht zu groß, nicht zu klein); unsere Erde (mit gerade diesem Abstand von der Sonne; mit täglicher Rotation, sodass sie sich nicht einseitig aufheizt wie Merkur oder Venus; mit Atmosphäre und außergewöhnlich viel Wasser; usw.); der Riesenplanet Jupiter (der mit seiner riesigen Masse und Schwerkraft wie ein kosmischer Staubsauger große Brocken einfängt und von der Erde abhält); und mit ihrem Mond hat die Erde einen ganz unverhältnismäßig großen Trabanten, der „uns eigentlich gar nicht zusteht“ (Walter Lesch). Ihm verdankt die Erde die Stabilität ihrer Achse, ohne ihren Riesenmond wäre die Erde so lebensfeindlich wie der Mars und gäbe es uns nicht. Oder dass dann Leben entsteht, und dass später (vor zwei Milliarden Jahren) bestimmte Bakterien die Fähigkeit zur Photosynthese erlangen, dass sich zudem andere Bakterien herausbilden, die mit Sauerstoff umgehen können und die in Form von Mitochondrien in größere Zellen gelangten, die Kraftwerke in unseren Zellen. Und vieles andere mehr.

Und dass dann irgendwann mentale Eigenschaften auftreten (Lebewesen mit Empfindungsfähigkeit, Bewusstsein, Innerlichkeit), und dann auch noch ein Wesen sich herausbildet, mit einem so komplexen Gehirn, dass es fähig ist zu reflexivem Selbstbewusstsein, zu Weltoffenheit, zu Transzendenzbewusstsein und zu Kooperation (weit mehr als Schimpansen[103]), fähig zu geteilter Intention, zum Wir, fähig zu spontaner Fürsorge und zu Liebe (freilich auch zu deren Gegenteil).

Vielleicht ist ja die ganze evolutive Entwicklung hin zu einer immer größeren Sensitivität der Lebewesen (hin zu Empfindungsfähigkeit, zu Fürsorge, Liebe, Kooperation und Gemeinschaft) und vielleicht ist ja die Entwicklung hin zur Fähigkeit, eine andere, transzendente Dimension gewahren zu können, sie ahnen, ihrer innewerden zu können, vielleicht ist das alles ja nicht bloß ein zufälliges Nebenprodukt der Evolution, sondern ihr tiefster Sinn.

Glaubende jedenfalls *können* das annehmen, sie können darin das göttliche „Es werde“ sehen (Nichtglaubende sind dazu nicht gezwungen). All die genannten Phänomene (und viele andere dazu) werden unter Voraussetzung der Existenz Gottes plausibler als ohne sie. Glaubende können mit gutem Grund darin einen großen übergeordneten Sinn- und Wirkzusammenhang sehen, in dem der göttliche Urgrund und große Ermöglicher auf einen geschöpflichen Partner hinauswill, aber auch die andern Wesen nicht vergisst oder verloren gibt.[104]

3. Auf die Frage, warum Gott die Welt entstehen lässt („schafft"), gab der große Franziskanerphilosoph und -theologe Johannes Duns Scotus (1265–1308), wie bereits erwähnt (S. 98), die kühne, aber gut biblische Antwort: „weil er *Andere als Mitliebende haben will*"[105]. Wenn das stimmt, wenn Gott auf Realisierung von uneigennütziger Liebe (Agape) hinaus will, dann muss man annehmen, dass er von Anfang an mit seiner Schöpfung gleichsam *Geburtswehen* leidet, Geburtswehen, dass das Gute (die Fürsorge, Liebe, Solidarität, Gemeinschaft) mehr Raum finde, nicht ihr Gegenteil. Dann bangt er darum, wie die Geschöpfe sich selber formen; noch weit mehr als Eltern und gute Freunde bangt er, dass wir für uns und andere heilsame Wege gehen.[106] Und er *leidet*, wo das Geschehen in quälende Zerstörung abgleitet: Er leidet nicht nur im Gekreuzigten, er leidet *mit*, ja zutiefst *in* allen Gequälten (*und* in den Quälenden), und ihm liegt daran, dass die Wunden der Gequälten geheilt werden (bzw. die Verhärtungen der Quälenden aufgetaut werden und sie umkehren, sich verwandeln lassen, andere werden). Er sucht Mitliebende, *durch die er wirken kann.*

Auch am *Sterben Jesu* war die Liebe das Entscheidende, das Erlösende (nicht das Leiden, die Qual, wie eine fatale Tradition meinte, die der Fundamentalist Mel Gibson in seinem Film *Die Passion Christi* auf die Spitze trieb mit der Aussage, dass wir nur durch die größte Qual erlöst werden konnten). Thomas von Aquin hat das anders gesehen: An der Passion Christi ist nicht die Gewalt, nicht das Leiden als solches das Erlösende, sondern die Caritas, die Liebe, die Jesus auch noch in der erlittenen Gewalt, in Qual und Leiden durchgehalten habe. Erlösung (aus unserer Verkehrtheit und dem Verkrümmtsein in sich selbst) nicht durch Leiden, sondern durch Liebe, die bis zum Äußersten geht.[107] Gott wirkt nicht einfach durch Leiden; er wirkt durch die Liebe, auch dort, wo sie in ihrem Einsatz für andere sich Leiden einhandelt. Durch die Agape wirkt Gott (und durch den Anreiz zum Guten, durch die positiven Dynamiken). Ubi caritas, ibi Deus est et agit.

Wo also Menschen *aus Agape zu andern handeln, leiden, sterben*, dort kann vom Wirken Gottes gesprochen werden. Wo aber ein Geschöpf nur leiden muss durch andere, da leidet Gott selbst auf uns unbegreifliche Weise; und da haben wir kein Recht, ein Handeln Gottes im eigentlichen Sinn hineinzuprojizieren, sondern nur die Pflicht, solches Leiden abzuschaffen oder wenigstens zu mildern und *darin* dem Wirken Gottes Raum zu verschaffen.

Christen können also sagen, dass in dieser Welt Gott überall wirkt, wo sein Wille zum Guten, wo seine Intention (Geben, Sich-Geben, Güte für alle) zum Zug kommt: in *natürlichen* Ursache-Wirkungs-Zusammenhängen, die Leben ermöglichen; in *geschichtlichen* Konstellationen, die unerwartet neue Räume für gerechteres und friedlicheres Zusammenleben eröffnen; in besonderer Weise durch *Menschen*, die bewusst und entschieden ihr Handeln bestimmen lassen von der Güte und Gnade, die sie selbst erfahren haben. Gottes Wirken wird dort erahnbar, wo *Transformationen* sich ereignen, derart, dass aus Verdrängungswettbewerb Kooperation wird, aus Konkurrenz Symbiose, aus Selektion Achtung und Schonung, aus Gewalttätigkeit zärtliche Zuwendung, aus Unrecht ein gerechteres Zusammenleben.

Mit empirischen Methoden ist natürlich nicht nachweisbar, dass in solchen Transformationen Gott wirksam ist. Das ist vielmehr die Wahrnehmung von Menschen, die sich an Jesus Christus orientieren, eine Wahrnehmung, die – davon sind sie überzeugt – etwas an der Wirklichkeit trifft, eine Wahrnehmung, die sich bewähren kann in Lebenserfahrungen, welche sie in ihrem Lichte machen, und eine Wahrnehmung, die ihnen das Wagnis ermöglicht, einer großen Hoffnung zu folgen.

Eine letzte Sicherheit freilich, dass sich ihre Option für den Glauben an Gott – die transzendental alles begründende und allem seine Bestimmung gebende Wirklichkeit – als richtig erweisen wird, haben sie nicht (der Naturalist und Atheist hat ebenso wenig eine letzte Sicherheit, dass seine Option sich als richtig erweist). Aber soweit wirkliche Offenheit für *alle* Phänomene und gründliches Nachdenken tragen, ergibt sich: Der Schöpfungsglaube an einen göttlichen Urgrund, an sein gutes Ziel (Güte und Gerechtigkeit für alle) und an sein Wirken in *dahin* gehenden Transformationen ist eine vernünftige Option, für die es gute Gründe gibt und der keine guten sachlichen Gegengründe entgegenstehen.[108]

Schluss: Handelt Gott, wenn ich ihn bitte?

„Bittet, so wird euch gegeben" (Lukas 11,9). Was für eine Verheißung! In der Regel bewahrheitet sie sich doch gerade nicht, so scheint es jedenfalls. Ist das Bittgebet also unsinnig? Dazu noch etwas zum Schluss.

Ich knüpfe an Gesagtes an: Wenn und insoweit ein Mensch sich Gott öffnet und ihn mit seiner allen geltenden Güte/Agape in sein Leben einlässt (und dies geschieht im innerlichen Beten, das nicht viele Worte macht, sondern still wird und sich auftut), insoweit kann Gott in ihm Raum gewinnen, kann in ihm wirken, kann *ihn* verändern und durch ihn auch etwas über ihn hinaus. *Innerliches Beten* hat eine verwandelnde Kraft; es *verändert den Betenden*, seine Einstellung zu Gott, zu sich, zu anderen, sodass der Geist Gottes in ihm wirken kann.

Ein *Bittgebet* (etwa „Vater unser"), das aus solcher Haltung kommt, impliziert die Bereitschaft, sich selbst für das Erbetene zu engagieren (etwa dass Gottes guter Wille *jetzt* bei *mir*, um mich herum, geschehe). Und wenn ein ernsthaftes Bittgebet *für andere* aus solcher Haltung kommt, dann engagiert sich der Beter auch für diese anderen. Dort aber, wo seine eigenen Möglichkeiten ausgeschöpft und am Ende sind, dort appelliert der Beter dann nochmals – total und penetrant – an Gottes Hilfe (penetrant wie der bittende Freund im Gleichnis Jesu Lukas 11,5–8).

Und manches derartige Bittgebet für andere hat wirklich eine verändernde Kraft. Dafür gibt es erstaunliche Beispiele (z. B. für Heilung, die Ärzte vor ein Rätsel stellt). Wir wissen nicht, wie das zu erklären ist, was da alles zusammenwirkt. Aber was kann sich nicht alles schon zwischen räumlich weit entfernten Menschen abspielen (ohne dass Naturgesetze verlassen wären)! Und was zwischen Mensch und Mensch und dem allgegenwärtigen, auf Einlass harrenden Gott, wenn ein Mensch sich ihm unerwartet auftut!

Einer meiner theologischen Lehrer berichtet aus der Zeit, als er Krankenhausseelsorger war. Er kam zu einer jungen Frau, die Krebs hatte; die Ärzte gaben ihr nur noch wenige Wochen. Als er an ihr Bett trat, verlangte sie, er möge darum beten, dass sie gesund würde. Er war total verlegen und hilflos ob dieses Ansinnens. Aber die Frau gab nicht nach und fuhr fort: „Mein Mann und meine zwei kleinen Kinder haben mich so nötig." Der Krankenhausseelsorger schreibt: „Die Schlichtheit und Naivität dieser Erklärung hat mich tief ergriffen. In einem kurzen Augenblick wurde mir bewusst, wie weit aller akademische Unterricht von jedem wirklichen Durchstehen einer schweren Lebenssituation entfernt war. So kniete ich in dem Zimmer nieder und nahm Gottes Gebot und Verheißung ganz ernst. Ich betete, wie ich noch nie gebetet hatte. Ich betete um das Gesundwerden dieser Frau. Als ich später nach Hause kam, war ich völlig ungewiss, wie Gott antworten würde. Nach 14 Tagen kam ich wieder auf die Station, traf den Arzt, und der sagte, sie stünden vor einem Rätsel. Die Frau laufe fröhlich herum und sei vollständig gesund. Man finde keine Spuren der Krankheit mehr." So weit sein Bericht.[109]

Was alles möglich ist zwischen Himmel und Erde! Vielleicht war es wichtig gewesen, dass er nicht nur zu Hause für die Frau gebetet hat (halt so gebetet, wie Menschen meist beten), sondern in dem Zimmer, wo sie lag, vor ihr, mit größter Intensität und Innigkeit, sodass sich zwischen ihm und ihr und Gott etwas abspielen konnte, *in* ihr, *mit* ihr, psycho-somatisch, aus den Tiefen der in Anspruch genommenen Dimension und Wirklichkeit Gottes.

Aber Beten ist ja nicht nur Bittgebet (worauf es leider oft reduziert wird). Gebet ist nicht nur das Vorbringen unserer Wünsche und die Erwartung, dass sie erfüllt werden.

Der holländische Studentenpfarrer und Dichter Huub Oosterhuis schreibt: „Gott haben. Nötighaben für jetzt und später, in Reserve haben ... – das ist menschlich. Ihn ohne Nebengedanken grüßen, nichts von ihm verlangen ... – das ist Beten. Das ist es, was Freundschaft tut.“[110]

Und Teresa von Ávila in ihrer *Vida*[111]: Beten ist „Verweilen bei einem guten Freund“; Still-Werden *vor* Gott, *bei* ihm, *in* ihm, ihm Sich-Aussetzen.

Noch einmal Kierkegaard: „Als mein Gebet immer andächtiger und innerlicher wurde, da hatte ich immer weniger und weniger zu sagen. Zuletzt wurde ich ganz still. Ich wurde, was womöglich ein noch größerer Gegensatz zum Reden ist, ich wurde ein Hörer. Ich meinte erst, Beten sei Reden. Ich lernte aber, dass Beten nicht nur Schweigen ist, sondern Hören. Beten heißt nicht, sich selbst reden hören, beten heißt still werden und still sein und warten, bis der Betende Gott hört.“

Handelt Gott, wenn ich ihn bitte? Indem der Beter sich ihm auftut, geschieht es, dass er diesen Anderen mit seiner Güte „einlässt“, diese Güte in sich zulässt. Dann kann dieser Andere *in* ihm wirken, *an* ihm wirken, *durch* ihn wirken.

Anmerkungen

1 Ausführlicher dazu Hans Kessler, Evolution und Schöpfung in neuer Sicht, Kevelaer [4]2012; außerdem: ders., Gott – warum wir ihn (nicht) brauchen, in: Stimmen der Zeit 134 (2009), 173–187; ders., „Das Konzept Gott – warum wir es nicht brauchen" (Burkhard Müller)? Auseinandersetzung mit einem respektablen Atheismus, in: G. Augustin/K. Krämer (Hg.), Gott denken und bezeugen. Festschrift für Kardinal Walter Kasper, Freiburg 2008, 512–541.

2 Und zwar keineswegs nur bei solchen Menschen, die etwas zu kompensieren suchen, was ihnen im jetzigen Leben entgangen sein könnte, sondern gerade auch bei solchen Menschen, die ein erfülltes irdisches Leben leben dürfen.

3 *Warum* bringt die Evolution ein Wesen mit einem so komplexen Gehirn hervor, dass wir nicht nur (1) *sinnlich* wahrnehmen und (2) *rational-begrifflich* denken können, sondern dass wir (3) darüber hinaus – mit einer *trans-* (nicht sub-)*rationalen*, meditierenden, vernehmenden Vernunft – eine „dritte Ordnung der Realität" (Arthur Koestler), eine ganz andere Dimension, ahnungsweise erschließen können und – uns den kühnen Gedanken „Gott" leisten?

4 So der Titel einer seiner religiösen Reden: Søren Kierkegaard, Religiöse Reden. Deutsch von Theodor Haecker, München 1950, 293–323.

5 Das gilt auch dann, wenn eine solche Voraussetzung nicht einfach als zeitlich frühere gedacht werden kann, falls Raum und Zeit erst mit der Explosion entstanden sind.

6 Wenn nichts existieren würde (kein Quantenfeld, keine Energie, keine Materie oder anderes), wäre es nicht vernünftig zu sagen, dass etwas ins Dasein springt; ex nihilo nihil fit.

7 Stephen W. Hawking, Eine kurze Geschichte der Zeit, Reinbek 1988, 179.

8 Richard Dawkins, Der Gotteswahn, Berlin 2007, 222.

9 Die vier Wittgenstein-Zitate der Reihe nach aus Ludwig Wittgenstein: Tractatus logico-philosophicus 6.44, Frankfurt/M. 1966 [1922]; ders., Vortrag über Ethik und andere kleine Schriften, Frankfurt/M. [2]1991, 14; ders., Schriften Bd. I, Frankfurt/M. 1960, 166f; Tractatus logico-philosophicus 6.52.

10 So der Philosoph Robert Schnepf, Die Frage nach der Ursache. Systematische und problemgeschichtliche Untersuchungen zum Kausalitäts- und zum Schöpfungsbegriff, Göttingen 2006 (die Zitate ebd. 502 und 505). Außerdem Thomas Rentsch, Gott (Grundthemen der Philosophie), Berlin/New York 2005, sowie Linus Hauser/Eckhart Nordhofen (Hg.), Das Andere

des Begriffs. Hermann Schrödters Sprachlogik und die Folgen für die Religion, Paderborn 2013.

11 Stephen W. Hawking, Eine kurze Geschichte der Zeit, Reinbek 1988, meinte, es sei möglich, eine *Great United Theory*, eine *Theorie von Allem*, zu entwickeln, mit der die Welt sich völlig selbst erklärt und einen Schöpfergott entbehrlich macht. Ein in sich geschlossenes Universum ohne Anfang: „Es würde einfach sein. Wo wäre da noch Raum für einen Schöpfer?" (ebd. 179). Als ob Gott – wie ein endlicher Gegenstand – auf der empirischen Ebene der Welt einen ausgesparten Raum bräuchte, gleichsam als erstes Glied der Kette, wo er doch ganz anders zu denken ist, nämlich als der transzendentale Grund der ganzen Kette (s. weiter oben, S. 18), oder – wie die Rabbinen sagen – als der Raum (Maqóm), in dem alles ist. – Zu Hawkings jüngstem Werk „Der große Entwurf" (2010) siehe unten Anm. 18.

12 Ausführlich dazu Kessler, Evolution und Schöpfung in neuer Sicht, 109ff.

13 Oder dass sie das All-Eine ist, das sich im vielen Einzelnen darstellt und kontrahiert (Giordano Bruno; manche Taoisten), selber also all das ist, sodass man streng genommen nicht mehr zwischen Gut und Böse unterscheiden und keine Ethik mehr begründen kann; aber dagegen spricht, dass wir doch unterscheiden und uns gegen das Böse empören können.

14 Ein weiteres Argument wäre z. B.: Unter Kosmologen ist umstritten (und wahrscheinlich nie zu klären), ob die Welt (oder irgendetwas Weltartiges vor dem Urknall) einen Anfang hat oder anfanglos, „ewig" existiert. Eine ewige Welt ohne zeitlichen Anfang hatte schon Aristoteles angenommen, und die Stoiker dachten sich, dass die Welt sich immer von Neuem ausdehnt und wieder zusammenzieht (*diastolé* und *systolé*). Dazu hat Thomas von Aquin (1225–1274) – übrigens gegen fast alle seine Mittheologen – gesagt: Auch eine anfanglos-ewige Welt widerspricht nicht dem Glauben an einen Schöpfergott. Denn eine Welt ohne zeitlichen Anfang wäre ja nur in *zeitlicher* Hinsicht unendlich, sonst aber immer endlich (mit Werden und Vergehen), also unvollkommen und bedingt, d. h. sie könnte ohne einen *unbedingten*, sie tragenden Grund gar nicht existieren. Der unbedingte Urgrund wird nicht überflüssig.

15 Der große Franziskaner-Philosoph und -Theologe Johannes Duns Scotus (1265–1308) hat um 1300 auf die Frage, warum Gott schafft, geantwortet: „... weil er andere als Mitliebende haben möchte" (Opus Oxoniense III 32,1,6). Darauf wolle alles hinaus.

16 Der Astrophysiker Harald Lesch, Unsere Insel im Universum, in: Publik-Forum Extra „Leben", Dez. 2012, 6: „Ich habe den leisen Verdacht, dass diese Welt gewollt ist."

17 In jeder Weltanschauung (oder Metaphysik) wird ein letztes Unbedingtes angenommen, ein nicht mehr Hintergehbares, als Anfang und Grundlage,

um den Rest zu deuten. In jeder Weltanschauung oder Metaphysik gibt es ein Axiom, d. h. einen ohne Beweis anerkannten Grundsatz oder ein Prinzip. Für den Materialisten ist die Materie das letzte nicht mehr Hintergehbare (sie ist sein Unbedingtes, Absolutes, sein Ersatzgott). Dass die Materie das letzte Unbedingte und die Grundlage von allem ist, kann keiner beweisen. Ja, es spricht sogar manches dagegen, dass die Materie das letzte Unbedingte, der letzte Grund sein kann. Der Materialist kann nämlich sehr vieles nicht erklären: 1. Warum gibt es überhaupt etwas und nicht vielmehr nichts? 2. Warum gibt es überhaupt Naturgesetze? 3. Warum sind diese so einfach? 4. Warum sind die 37 Naturkonstanten so, dass sie Leben ermöglichen? 5. Wie kommt das Neue (Leben, Bewusstsein, Geist) in die Evolution? – Der Materialist kann das alles nicht erklären, sondern er muss es einfach hinnehmen: Es ist halt so.

18 Wenn Stephen Hawking in seinem jüngsten Buch *Der große Entwurf* (Reinbek 2010) behauptet: „Da es ein Gesetz wie das der Gravitation gibt, kann und wird sich das Universum [...] aus dem Nichts erzeugen ..." (177), so hat er ja schon etwas vorausgesetzt, nämlich das Gesetz der Schwerkraft. Aber woher kommt dieses denn? Die Frage stellt er gar nicht in seinem Tunnelblick.

19 Gregor von Nyssa, Hexaëmeron (PG 44, 77).

20 Auch Menschen, die nicht glauben können, vermissen oft etwas: Jürgen Habermas, Ein Bewusstsein von dem, was fehlt, in: Michael Reder/Josef Schmidt (Hg.), Ein Bewusstsein von dem, was fehlt. Eine Diskussion mit Jürgen Habermas, Frankfurt/M. 2008, 26–36. Vgl. auch Herbert Schnädelbach, Der fromme Atheist, in: Magnus Striet (Hg.), Wiederkehr des Atheismus. Fluch oder Segen für die Theologie? Freiburg 2008, 11–20.

21 „das schlechthin Unergründliche": so der große russische Religionsphilosoph Semen L. Frank.

22 Thomas von Aquin, De potentia Dei 7,5 ad 14; In trin, 2,1 ad 6.

23 Eine chassidische Geschichte: „Der Raw sprach einen Schüler, der eben bei ihm eintrat, so an: ‚Mosche, was ist das, >Gott<?' Der Schüler schwieg. Der Raw fragte zum zweiten und zum dritten Mal. ‚Warum schweigst du?' ‚Weil ich es nicht weiß.' ‚Weiß ich's denn?' sprach der Raw. „Aber ich *muss* sagen; denn so ist es, dass ich es sagen muss. Er ist deutlich da, und außer ihm ist nichts deutlich da, und *das* ist er." (Martin Buber, Werke III, Gütersloh 2014, 390).]

24 So kommt der Philosoph Wilhelm Weischedel in seinem zweibändigen Werk *Der Gott der Philosophen* (Darmstadt 1971) am Ende aller Denkwege nur zu einem Gott, der selber die zweideutige „Schwebe" zwischen Gutem und Bösem ist.

25 F. W. J. Schelling, Philosophie der Offenbarung, Bd. I, Darmstadt 1974, 172.

26 Platon lässt in seinem Dialog *Phaidon* (85cd) den Gesprächspartner des Sokrates, Simmias, sagen, dass es lohne, alles daran zu setzen, um in dieser Frage die größtmögliche Klarheit zu gewinnen, damit man „auf der besten und unwiderleglichsten Meinung wie auf einem Brett durch das Leben zu schwimmen suche, wenn einer nicht sicherer und gefahrloser auf einem festeren Fahrzeug oder auf einer göttlichen Rede (einem göttlichen Logos) reisen kann".

27 Ein solches Gebot gab es sonst nirgendwo in der Antike!

28 Psalm 104 und Weisheit 11,23–26 gehen noch weiter und sagen: Gott liebt alles, was er geschaffen hat.

29 In der Bhagavadgita 18,64 spricht Gott (in Gestalt von Krishna) zum Menschen (in Gestalt des Helden Arjuna): „Und nun höre mein höchstes Geheimnis: Ich habe dich sehr lieb, und ich werde dir sagen, was für dich gut ist."

30 Ausführlicher zum Folgenden Hans Kessler, Gott und das Leid seiner Schöpfung. Nachdenkliches zur Theodizeefrage, Würzburg 2000 (= zweite Auflage als Topos-Taschenbuch: Das Leid in der Welt – ein Schrei nach Gott, Würzburg 2007); außerdem ders. (Hg.), Leben durch Zerstörung? Über das Leiden in der Schöpfung. Ein Gespräch der Wissenschaften, Würzburg. Echter, 2000.

31 Wenn wir, wie dargelegt, von Gott eher sagen können, was er *nicht* ist (*nicht* endlich usw.). als was er ist, dann bedeutet das nicht, dass man sagen kann: „*Gott ist nicht gut* und nicht gerecht", „Gott ist *nicht* Liebe" (wie der Religionspädagoge Andreas Benk, Gott ist nicht gut und nicht gerecht. Zum Gottesbild der Gegenwart, Düsseldorf 2008, behauptet; z. B. ebd. 157: „Gott sei Liebe?" Angesichts von Auschwitz erhalte das Wort einen „bitteren Beigeschmack: Unangemessen ist es, von Gott als Liebe zu reden, *wahr* hingegen ist, dass Gott nicht Liebe ist."). Sondern man kann nur sagen: „Gott ist *nicht in dem Sinne* gut und gerecht und Liebe, wie *wir* gut und gerecht und Liebe normalerweise verstehen (sondern unbegreiflich anders)". – Zum Problem vgl. Hans Kessler, Gott und das Leid seiner Schöpfung (siehe vorige Anm.), besonders 69–79.

32 Wer nicht bereit ist, von dieser Überzeugung, Forderung, Hoffnung zu lassen, der *wartet* auf Gott, „und sein Warten ist ein zögerndes Geöffnetsein, angespannte Aktivität und tätiges Sichbereiten" (Siegfried Kracauer).

33 In dieser Geschichte sitzen sie zusammen und der Rabbi fragt sie: Könnt ihr mir sagen, wo Gott wohnt? Nach einiger Verlegenheit sagt einer: Rabbi, beim Propheten Jeremia (23,24) spricht doch der Ewige: „Bin nicht ich es, der Himmel und Erde erfüllt?" Also, Rabbi, Gott wohnt überall. Ja, schon recht, erwidert der Rabbi, aber *eigentlich* wohnt er dort, wo man ihn *einlässt*.

34 Im Menschen Jesus Christus, der ganz für Gott offen lebte, konnte Gottes Geist so Raum finden, dass er ganz zum Sprechen/Wort Gottes zu den andern wurde. (Je mehr Gottes Geist in einem Menschen Raum findet, je mehr ein Mensch zum Sohn/zur Tochter Gottes wird, desto mehr kann Gott durch ihn zu andern sprechen.)

35 Wie (mit welchen Gründen) kommen wir dazu, Gott als Liebe für alle zu sehen? 1. Auf Jesus hin (durch ihn ist uns zuverlässige Gotteserkenntnis geschenkt, in ihm ist Gottes Licht ins Dunkel der Welt eingebrochen). 2. Wir wissen genau, auch wenn wir nicht so leben, dass Liebe für alle das Wahre wäre. 3. Das ist auch die Ahnung der Weisen aller Kulturen (für Platon z. B. ist das Göttliche das Gute; vgl. Bhagavadgita 18,64) – und die Sehnsucht jedes Menschen. Das alles konvergiert mit dem, was das Evangelium Jesu zusagt, und bestätigt es.

36 Ausführlicher zum Folgenden Hans Kessler, Religiöse Grunderfahrungen und der Glaube an den dreieinen Gott. Trinität in interreligiöser Perspektive, in: ders., Den verborgenen Gott suchen. Gottesglaube in einer von Naturwissenschaften und Religionskonflikten geprägten Welt, Paderborn 2006 28–51; ders., „Schweigen müssen wir oft; es fehlen heilige Namen" (Hölderlin). Zur Hermeneutik trinitarischer Rede, in: J. Beutler/E. Kunz (Hg.), Heute von Gott reden, Würzburg 1996, 97–124.

37 Wobei es ein Mehr und Weniger gibt, also unterschiedliche Grade oder Intensitätsstufen – je nach Fassungskraft und Offenheit.

38 Vgl. Karl Rahner, Grundkurs des Glaubens, Freiburg 1976, 141f.

39 Geist und Leben 2000, 65f.

40 Ruth Pfau, Verrückter kann man gar nicht leben, Freiburg 1995, 163.

41 Eberhard Jüngel, Entsprechungen, München 1980, 265.

42 Karl Rahner, Schriften zur Theologie Bd. 4, Einsiedeln 1960, 115.

43 Yves Congar, Der Heilige Geist, Freiburg 1982, 337.

44 Das hält auch Karl Rahner, Grundkurs des Glaubens, Freiburg 1976, 141, fest.

45 Erich Przywara, Trinität, in: ders., In und Gegen. Stellungnahmen zur Zeit, 1955, 308–310; hier: 310.

46 Basilius, De Spiritu Sancto, 18.

47 Das hat der bedeutende Patrologe Basil Studer OSB, Der Person-Begriff in der frühen kirchenamtlichen Trinitäts-Lehre, in: Theologie und Philosophie 57 (1982), 161–177, sehr gut herausgearbeitet.

48 Augustinus, De trinitate V 9,10; vgl. VII 4.

49 Hans Urs von Balthasar, Theodramatik II/2, Einsiedeln 1978, 481f – Vgl. auch Joseph Ratzinger, Einführung in das Christentum, München 1968, 133: „Trinitätslehre kann also nicht ein Begriffen-Haben Gottes sein wollen. Sie ist eine Grenzaussage, eine verweisende Geste, die ins Unnennbare

hinüberzeigt; nicht eine Definition, die eine Sache in die Fächer menschlichen Wissens eingrenzt." Sie hat den Charakter des „Andeutens" („durch die Negation hindurch"), des „Hindeutens", des „Umkreisens" (ebd. 133–135).

50 Franz von Assisi hat das „Deus semper maior" ergänzt durch „et in minimis maximus"!

51 „Nur einer gibt Geleite, das ist der Herre Christ, er wandert treu zur Seite, wenn alles uns vergisst" (Gotteslob 656, 3). Matthias Claudius an einen Freund: „Wer nicht an Christus glauben will, der muss sehen, wie er ohne ihn zurechtkommen kann. Ich und Du, wir können das nicht. Wir brauchen jemand, der uns hebt und hält, solange wir leben, und uns die Hand unter den Kopf legt, wenn wir sterben sollen."

52 Karl Rahner, Erfahrungen eines katholischen Theologen, in. K. Lehmann (Hg.), Vor dem Geheimnis Gottes den Menschen verstehen (Schriften der Kath. Akademie der Erzdiözese Freiburg), München/Zürich 1984 105–119, hier 106f.

53 Als die Jünger frühmorgens aufwachten, war Jesus verschwunden, und sie fanden ihn schließlich weiter weg an einem einsamen Ort (Markus 1,35f), versunken in der Stille, dem Urgrund und tiefsten Geheimnis der Wirklichkeit sich öffnend, innerlich horchend, mit seinem ganzen Selbst achtend auf dieses Andere, auf dieses „Ich bin da" (wie am brennenden Dornbusch: Exodus 3,14), zu dem Jesus vertrauensvoll „Abba, guter Vater" zu sagen wagt.

54 Genaueres dazu in Hans Kessler, Wie biblisch ist die Systematische Theologie? Kritisch-kreative Traditionsvermittlung in heutigen Kontexten, in: Jahrbuch für Biblische Theologie Bd. 25 (2010): Wie biblisch ist die Theologie?, Neukirchen 2011, 221–240. Zum Folgenden vgl. Hans Kessler, Evolution und Schöpfung in neuer Sicht, Kevelaer [4]2012; ders., Den verborgenen Gott suchen. Gottesglaube in einer von Naturwissenschaften und Religionskonflikten geprägten Welt, Paderborn 2006; ders., Gott und das Leid seiner Schöpfung. Nachdenkliches zur Theodizeefrage, Würzburg 2000 (Ergänzte Neuausgabe: Das Leid in der Welt – ein Schrei nach Gott, Topos plus Taschenbuch, Würzburg 2007). Ferner Hans Kessler, Im Streit um die Wirklichkeit. Mit Naturwissenschaft begründeter Atheismus und die Frage nach Gott, in: Christian Tapp/Christof Breitsameter (Hg.), Theologie und Naturwissenschaft, Berlin 2014, 255–293. – Außerdem Christoph Böttigheimer, Wie handelt Gott in der Welt? Reflexionen im Spannungsfeld von Theologie und Naturwissenschaft, Freiburg 2013, der meine Sicht rezipiert und teilt (z. B. 267ff mit Anm. 81ff 85.87.90).

55 Biblische Autoren und christliche Tradition sind sich der *Bildhaftigkeit solcher Vorstellungen bewusst.* Im Anschluss an Augustin, Albert und Thomas von Aquin sagt z. B. Nikolaus von Kues (De docta ignorantia III 8): Himmel

meint keinen Ort irgendwo dort oben, Himmel ist ein Bild für Gott und für die Erfüllung der tiefsten Sehnsüchte; nicht wo der kosmische Himmel ist, ist Gott (jedenfalls nicht nur dort), sondern wo Gott ist, da ist der Himmel im religiösen Sinn. Man könnte auch sagen: Der kosmische Himmel (engl. sky) ist ein Gleichnis für den religiösen Himmel (engl. heaven), d. h. für Gott selbst, für die ganz andere Dimension und Wirklichkeit Gottes.

56 Auch die Wörter „Ewigkeit", „Schöpfer", „Gott" oder „Urgrund" wollen auf diese radikal andere Dimension und Wirklichkeit hinausverweisen.

57 So in der zweiten Strophe des Liedes „Kommt herbei, singt dem Herrn", im katholischen Gotteslob Nr. 140 sowie im Evangelischen Gesangbuch, Ausgabe für Rheinland und Westfalen Nr. 577.

58 Der große Physiker Werner Heisenberg sprach davon, dass die Wirklichkeit mehrere Schichten habe: auf einer untersten Schicht könnten die kausalen Zusammenhänge der Erscheinungen und Abläufe in Raum und Zeit objektiviert werden, darüber gebe es andere Schichten, wo zum Teil schon nicht mehr objektiviert werden könne, und dann sprach er von einer „obersten Schicht der Wirklichkeit", wo „sich der Blick öffnet" für das, worüber „nur im Gleichnis gesprochen werden kann", vor allem über „den letzten Grund der Wirklichkeit" (Werner Heisenberg, Ordnung der Wirklichkeit, in: ders., Gesammelte Werke, Abt. C, Bd. 1, München 1984, 294 und 302.). Dazu mein Buch *Evolution und Schöpfung in neuer Sicht*, 86f.

59 Gegen Georg Baudler, Darwin, Einstein – und Jesus: Christsein im Universum der Evolution, Düsseldorf 2009, der seine „in der Botschaft von Jesu Auferstehung von den Toten gegründete Hoffnung auf ein solches – materiell anders strukturiertes – Paralleluniversum setzen" möchte (237).

60 Thomas von Aquin, Summa theologiae I 8,3.

61 Vgl. Jesaja 6,3; Jeremia 23,24 u. a. – Im (zu übersteigenden!) Bild gesprochen: Gott ist gegenwärtig, ähnlich wie (und doch nochmals ganz anders als) die Luft, die uns umgibt, die in uns eingeht und ohne die wir nicht leben können.

62 Augustinus, Confessiones 3,6.

63 Viele Religionen beziehen sich auf eine Art göttliches Du, das uns anrufen kann (vermittelt durch geschöpfliche Medien) und das Adressat unserer Dankbarkeit ist und unserer Klage. Dieses Göttliche bleibt in vielen Religionen *inhaltlich unbestimmt* und *zweideutig*: gütig und grausam, beglückend und schrecklich ängstigend. Die biblische Grunderfahrung ist *inhaltlich bestimmter*: „Muss ich auch wandern in dunkler Schlucht, *ich fürchte kein Unheil*, denn *du* bist bei mir" (Psalm 23,4); „... der Herr ist gnädig und barmherzig, langmütig und von großer Güte" (Exodus 34,6f; Ps 86,15; und viele andere Stellen); „Gott ist Licht, und Finsternis ist *nicht* in ihm" (1 Johannes 1,5), „Gott ist Agape-Liebe", und Hass ist nicht in ihm (1 Johannes 4,8.16).

64 Die vierte Strophe in Gerhard Tersteegens Lied „Gott ist gegenwärtig" (Evangelisches Gesangbuch Nr. 165) bringt die Aspekte zusammen: „Luft, die alles füllet, drin wir immer schweben, aller Dinge Grund und Leben, Meer ohn' Grund und Ende, – Wunder aller Wunder: ich senk mich in dich hinunter. Ich in dir, du in mir ..."

65 Zum gesamten Abschnitt siehe weiter oben, S. 16–19.

66 Die Naturwissenschaft „betrachtet den Gedanken Schöpfung mit Recht als für sich unbrauchbar", so Joseph Ratzinger, Schöpfungsglaube und Evolutionstheorie, in: H. J. Schultz (Hg.), Wer ist das eigentlich Gott?, 1969, 232–245, hier 235f.

67 Robert Schnepf, Die Frage nach der Ursache. Systematische und problemgeschichtliche Untersuchungen zum Kausalitäts- und Schöpfungsbegriff, Göttingen 2006, 502f.

68 Mit Bedacht hat deshalb die Vulgata, die maßgebende lateinische Bibelübersetzung, die ersten Worte der Bibel in Genesis 1,1 („Im/als Anfang") nicht mit „in initio" (als Initialzündung) übersetzt, sondern mit „in principio" (principium = Ursprung, Urgrund). – Und mit Bedacht führt schon der hebräische Text gleich als zweites Wort der Bibel ein neues Wort ein, das es sonst gar nicht gibt und das er nur für Gott allein reserviert: bará (Genesis 1,1; vgl. Genesis 1,27; Jesaja 45,18; 65,17; Jeremia 31,22; Psalm 51,12); wenn wir dieses Wort gewöhnlich mit „(im Anfang) *schuf* (Gott)" übersetzen, dann tun wir so, als gehe es beim begründenden Wirken dieses Urgrunds um etwas, das mit *unserem* „Schaffen, Kreativ-sein, Schöpfer-sein" auf der *empirischen* Ebene vergleichbar ist, und damit wird die biblische Aussage verkannt, die von etwas spricht, wofür es *nichts Vergleichbares* in der Welt gibt, das vielmehr absolut einzigartig und grundlegend ist und wo wir an die Grenze des Sagbaren geraten. – Für Genaueres vgl. das 2. Kapitel („Die biblischen Schöpfungstexte – was sie wollen und was sie nicht wollen") in meinem Buch *Evolution und Schöpfung in neuer Sicht*, ^{4}2012.

69 Ludwig Wittgenstein, „Wie seltsam, dass die Welt existiert!" Vortrag über Ethik und andere kleine Schriften, Frankfurt/M. 1991, 14. Für Genaueres vgl. Thomas Rentsch, Gott (Grundthemen der Philosophie), Berlin 2005.

70 Sie kommen zu dieser Unterscheidung aufgrund der in der *Lern*-Geschichte Israels und Jesu Christi mit Gott gemachten Erfahrungen, die immer deutlicher eine inhaltliche Eindeutigkeit des Göttlichen und seines Wirkens nahelegen.

71 Blaise Pascal, Über die Religion und über einige andere Gegenstände (Pensées; 1654ff), übers. von E. Wasmuth, Heidelberg 1963, Fragmente 229; 242f; 430; 441; 556f; 580.

72 Martin Luthers Werke. Kritische Gesamtausgabe. Weimarer Ausgabe (= WA), Weimar 1883ff, Bd. 19, 207.

73 Ob und inwiefern er da (über das Geben von Sein, Kraft und Eigenaktivität hinaus) noch wirken kann, wird weiter unten (S. 83ff.) zu bedenken sein.

74 „Liebe" ist ein abgenutztes Wort, es auszusprechen ist oft peinlich. Das rührt auch davon her, dass das deutsche Wort „Liebe" äußerst vieldeutig und deshalb missverständlich ist. Die griechische Sprache kann unterscheiden zwischen *philía* (= Freundesliebe), *storgé* (= Liebe unter Familienmitgliedern), *éros* (= hingerissene, begehrende, nach Vereinigung verlangende Liebe) und *agápe* (= die nicht auf Gefühl, Sympathie, Nutzen beruhende, wohltuende Liebe, die den anderen *als Person* bejaht, auch dann, wenn sie seine Gesinnung/Tat nicht bejahen kann). Die *agápe* will die anderen Gestalten von Liebe nicht ausschalten, sondern sie (auch den *sexus*, lat.) und überhaupt alles Handeln beseelen.
Von diesen diversen Gestalten der Liebe wird im Neuen Testament nur die *agápe* auf Gott übertragen und in ihrer ursprünglichen Reinheit von Gott selbst ausgesagt; auch die Liebe zu Gott und zum Nächsten wird mit *agápe* (bzw. mit dem Verbum *agapan*) bezeichnet, es geht also nicht um romantische Gefühle und dergleichen.

75 Und das alles ist ja wahrlich nicht selbstverständlich. „Wenn Gott nicht ist, woher dann das Gute?", fragte der Philosoph *Boëthius* im Jahre 524 im Gefängnis vor seiner Hinrichtung (De consolatione philosophiae 1,4). Zehrt nicht alles tätige Erbarmen von einem guten Urgrund, den es unbemerkt voraussetzen muss? Die Evolution jedenfalls kann das Gute, dieses Gute, nicht erklären. Bewegend auch eine KZ-Erfahrung von Imre Kertész, Kaddisch für ein nicht geborenes Kind, Reinbek 1996, 55–60, und seine Folgerung: „Unerklärlich ist nicht das Böse" in Auschwitz (dafür findet er Gründe genug: Machtgier, Sadismus und andere Perversitäten), „im Gegenteil: *unerklärlich ist das Gute*"; gerade deshalb interessiere ihn schon lange nicht mehr das Leben der Diktatoren und Potentaten, nein „mich interessiert einzig noch das Leben der Heiligen, denn das finde ich interessant und unfassbar, dafür finde ich keine bloß rationale Erklärung".

76 Dietrich Bonhoeffer, Widerstand und Ergebung. Briefe und Aufzeichnungen aus der Haft, München 1961, 242.

77 Ernst Bloch, Das Prinzip Hoffnung, Frankfurt/M. 1959, 1487.

78 Das kann letztlich nicht als allein seine menschliche Tat, sondern nur zugleich als Geschenk Gottes gedacht werden, als Gottes besonderes Wirken, das einen neuen Anfang in der Menschheitsgeschichte möglich machen will und dafür auf in der Armenfrömmigkeit Israels und der Eltern Jesu angebahnte Voraussetzungen zurückgreift.

79 Dass der grenzenlose Urgrund des Kosmos für alle entschiedene Agape sei, d. h. eine unbedingt jeden bejahende Größe, die unser Sein nicht verneint, sondern es begründet und fördert, die also in den positiven Dyna-

miken am Werk ist (im Antrieb zum Guten) – das ist eine kühne Annahme, die sich nicht aus der Beschaffenheit der Welt ableiten lässt, denn die ist zu zwiegesichtig und oft zum Heulen; der kleine Einzelne zählt in ihr nichts. Dass der Urgrund für alle entschiedene Agape ist, also jeder kostbar und beim Namen gerufen ist, das nehmen Christen vor allem diesem Galiläer Jesus ab. Sie nehmen es ihm ab, 1. weil er es lebt bis zum Äußersten, wo er ganz transparent wird für diese allen, auch seinen Mördern, geltende Agape; 2. weil es in ihnen resoniert, Widerhall findet; 3. weil es korrespondiert mit dem Urempfinden und den tiefsten Sehnsüchten der Menschheit, mit den Gipfel-Erfahrungen und tiefsten Einsichten der Weisen aller Kulturen.

80 Mit Christine Büchner, Wie kann Gott in der Welt wirken? Überlegungen zu einer theologischen Hermeneutik des Sich-Gebens, Freiburg: Herder, 2010, 315. Von ihrem phänomenologisch-transzendentalen Ansatz beim Sich-Geben her unterscheidet Büchner die genannten drei Niveaus oder Intensitätsstufen folgendermaßen: 1. Das Gegebensein als phänomenale Grundstruktur der Wirklichkeit lässt sich schöpfungstheologisch als verborgen tragendes und anbietendes Wirken Gottes deuten, der allem wechselseitige Relationalität und (Sich-)Geben als innerstes Prinzip einprägt; „Schöpfung zu sein bedeutet, von einem anderen als von sich selbst her und auf ein anderes als sich selbst hin zu sein." (304) 2. Diese Struktur konkretisiert sich symbolisch, also bedingt und nicht unzweideutig, im intentionalen zwischenmenschlichen (Sich-)Geben mit seiner unerfüllten Sehnsucht nach unbedingtem Für-einander-Dasein; insoweit Menschen dafür offen sind, wird Gottes sich-gebendes Wirken begrenzt erkennbar. 3. In der Proexistenz Jesu wird Gottes Sich-Geben offenbar; denn seine reine, zweckfreie Hingabe für andere zeigt, wie Gott sich in Ohnmacht begibt, um den anderen zu gewinnen; das wird dort klar erkennbar, wo der andere empfänglich für ihn ist, also in der entsprechenden Antwort des Menschen.

81 Der gekreuzigte Jesus: Ort der äußersten Hingabe und tiefsten *Entfeindung*, Ort der Versöhnung (Römer 3,25).

82 Meister Eckhart in seiner Predigt 82: „Wäre ich so bereit wie unser Herr Jesus Christus, er würde mich ebenso völlig mit seiner Flut erfüllen. Denn der Heilige Geist kann sich nicht enthalten, in all das zu fließen, wo er Raum findet, und so weit, wie er Raum findet."

83 Søren Kierkegaard, Tagebücher, München 1949, 216f.

84 Das kann es ja in den asymmetrischen Beziehungen Eltern-Kind, Lehrer-Schüler, Therapeut-Klient (wenn sie nicht durch Machtmissbrauch verzerrt sind) geben, dass der Stärkere – in Selbstzurücknahme – dem Schwächeren im Vorblick auf *dessen* zukünftige vollere Lebensmöglichkeit und

Freiheit ihm genau diese ermöglicht, sodass der Schwächere mehr er selbst werden kann.

85 Kierkegaard, Tagebücher, 405.

86 Wenn es stimmen sollte, dass Gott die Macht der Güte ist, dann wird er nicht irgendwann sagen können: „Bis jetzt hab ich's mit Güte versucht, dich zu gewinnen, aber wenn du nicht willst, dann muss ich es mit Gewalt durchsetzen." Ein Gott, der Güte ist, ist und bleibt „die Macht der freien Gewinnung" (J. B. Brantschen), mit allen Konsequenzen. Vgl. Johannes B. Brantschen, Gott – die Macht der freien Gewinnung. Eine Fußnote zur Hölle, in: ders., Gott ist anders. Theologische Versuche und Besinnungen, Luzern 2005, 143–160.

87 Das ist ein Grundgedanke bei Thomas Pröpper, Theologische Anthropologie, 2 Bände, Freiburg 2011.

88 Pierre Teilhard de Chardin, Mein Glaube, Olten 1972, 103.

89 Pierre Teilhard de Chardin, Que faut-il penser du transformisme?, in Oevres, vol. III (Paris 1957), 217.

90 Karl Rahner, Grundkurs des Glaubens, Freiburg 1976, 186: Das Wirken des transzendentalen Grundes sei als Seinsfülle „einerseits dem Endlichen, nach seiner Vollendung hin sich bewegenden Seienden so *innerlich* zu denken, dass dieses Innerliche zu einer wirklichen *aktiven* Selbsttranszendenz ermächtigt wird und es diese neue Wirklichkeit nicht einfach nur als von Gott gewirkte passiv empfängt. Andererseits ist die innerste Kraft der Selbsttranszendenz gleichzeitig so von diesem endlichen Wirkenden unterschieden zu denken, dass die Kraft der Dynamik, die dem endlichen Seienden innerlich ist, doch *nicht* als *Wesens*konstitutiv des Endlichen aufgefasst werden darf."

91 Peter Schuster, Evolution und Design. Versuch einer Bestandsaufnahme der Evolutionstheorie, in: St. Horn/S. Wiedenhofer (Hg.), Schöpfung und Evolution. Eine Tagung mit Papst Benedikt XVI., Augsburg/Rom 2007, 147.

92 So Jürgen Bereiter-Hahn (Frankfurt/M.) in einer E-mail an mich. – Diesbezüglich gibt es immer wieder irreführende Meldungen in der Presse. So hieß es, als Craig Venter Teile von lebenden Zellen wieder neu und anders zu einer lebenden Zelle zusammengesetzt hatte, er habe *künstliches Leben hergestellt* und Schöpfer gespielt; doch das trifft nicht zu. Oder am 19. 8. 2009 ging eine Reuters-Meldung durch die Presse, die Aminosäure Glyzin, ein Grundbaustein für Proteine, sei in Partikeln im Schweif des Kometen „Wild 2" gefunden worden. So weit mag die Meldung korrekt sein. Dann folgte: „Der Fund erhärtet die These, dass Leben im All *eher normal* als selten ist." Und diese Schlussfolgerung ist nicht korrekt. Dass es auf anderen Planeten Leben gibt, ist jedoch nicht auszuschließen.

93 Deswegen konnte z. B. Albert Einstein sein „entzücktes Erstaunen über die Harmonie der Naturgesetzlichkeit, in der sich eine überlegene Vernunft offenbart“, ausdrücken und seine tiefe „Überzeugung von der Existenz einer höheren Denkkraft, die sich im unerforschlichen Weltall manifestiert“, und „die sich *selbst in den kleinsten Einzelheiten* kundtut“.

94 Dazu Hans Kessler, Evolution und Schöpfung in neuer Sicht, 162f, sowie erläuternd ders., Im Dialog mit Wirklichkeit? Erwiderung auf einen Beitrag von Christian Kummer SJ, in: Stimmen der Zeit 136 (2011), 202–205.

95 Vgl. Arthur R. Peacocke, Gottes Wirken in der Welt. Theologie im Zeitalter der Naturwissenschaften, Mainz 1998; oder kurz ders., Natur und Gott. Für eine Theologie im Zeitalter der Wissenschaft, in: Gotthard Fuchs/Hans Kessler (Hg.), Gott, der Kosmos und die Freiheit. Biologie, Philosophie und Theologie im Gespräch, Würzburg 1996, 169–187.

96 Mehr dazu in Hans Kessler, Was kommt nach dem Tod? Über Nahtoderfahrungen, Seele, Wiedergeburt, Auferstehung und ewiges Leben, Kevelaer 2014, [3]2015.

97 Zum Letzteren vgl. den erhellenden Beitrag von Michael Greiner, Gottes wirksame Gnade und menschliche Freiheit. Wiederaufnahme eines verdrängten Schlüsselproblems, in: Thomas Pröpper, Theologische Anthropologie, Bd. 2, Freiburg 2011, 1351–1436.

98 Ein Beispiel: Der ohne Arme geborene Rainer Schmidt (mit verkrüppelten Handstummeln an den Schultern), der in seiner Jugend den andern beim Tischtennisspiel immer nur zuschauen konnte, bis ihm ein Jugendleiter einen Schläger an den Stummel band und er trainierte und trainierte und bei den Paralympics in Sydney 2000 die Goldmedaille im Tischtennis gewann. Rainer Schmidt, der dann nach Tätigkeit in der Verwaltung mit 27 Jahren evangelische Theologie zu studieren begann und heute Pfarrer in Bergisch-Gladbach ist, sagt von sich selbst: „Ich bin kein Irrtum Gottes, keine Fehlkonstruktion des Schöpfers“ (sondern die Wege der Natur und der Pharmaindustrie haben mich so werden lassen); und „ich bin nicht behindert“ (wenn ich auf der Kanzel stehe und predige oder wenn ich Hausbesuche mache und die Leute nach einem ersten Schrecken mir Dinge anvertrauen, die sie anderen nie sagen würden, und es kann sich etwas in ihnen lösen), „ich bin nicht behindert, andere, ‚normale‘ Menschen sind viel mehr behindert als ich“. Vgl. Rainer Schmidt, Spielend das Leben gewinnen – Was Menschen stark macht, Gütersloh 2008.

99 Dazu Bernhard Dörr, Trinitarische Prozess-Kosmologie. Grundzüge einer christlich-theologischen Wirklichkeitssicht im Zeitalter der Naturwissenschaften. Erarbeitet anhand der Entwürfe von John Polkinghorne, Arthur Peacocke, Wolfgang Friedrich Gutmann und Alfred North Whitehead (Dissertation, Frankfurt/M. 2007).

100 Dazu Thomas von Aquin, Summa theologiae I–II 8,1; Summa contra Gentes III 109; Quaestiones disputatae de veritate 22,2.

101 Dazu Thomas Broch, Kosmische Bescheidenheit? Eine kritische Würdigung Pierre Teilhards de Chardin, in: R. Isak (Hg.), Kosmische Bescheidenheit. Was Theologen und Naturalisten voneinander lernen können, Freiburg 2003, 149–175.

102 Dazu Karl Rahner, Grundkurs des Glaubens, Freiburg 1976, 180–194; ders., Naturwissenschaft und vernünftiger Glaube, in: ders., Schriften zur Theologie, Bd. 15, Einsiedeln 1983, 24–62.

103 Wie der Leipziger Primatenforscher und Evolutionspsychologe Michael Tomasello eindrücklich zeigt: Michael Tomasello, Die kulturelle Entwicklung des menschlichen Denkens, Frankfurt/M. 2002; ders., Die Ursprünge der menschlichen Kommunikation, Frankfurt/M. 2009.

104 Martin Luther: „Mit wem Gott ein Gespräch angefangen hat [...], der ist gewiss unsterblich" (WA 43, 481), den lässt er nicht fallen. Aber nicht nur der Mensch, „auch der tote Sperling (der so wenig wert scheint, dass man fünf davon für zwei Groschen auf dem Markt kaufen kann) ist bei Gott nicht vergessen", hat Jesus behauptet (Lukas 12,6).

105 Johannes Duns Scotus, Opus Oxoniense III 32,1,6.

106 Es erscheint inakzeptabel, dass ein guter Gott sich angesichts himmelschreienden Elends zurückhält und es nicht durch Eingreifen beendet. Manche sagen: Wenn mein Kind am Ertrinken ist, sehe ich doch nicht zu, sondern springe ins Wasser. Doch dieser Vergleich geht an dem vorbei, was hier zu bedenken ist. Wenn Gott die Schöpfung in Eigendynamik freigegeben hat, dann trifft eher der folgende Vergleich zu: Was tut ein guter Vater, der sehen muss, wie sein mündig gewordener Sohn verkehrte, unheilvolle Wege geht? Er wird ihn nicht mit Gewalt davon abhalten können, ohne die Vertrauensbasis zu zerstören; also kann er nur an die Einsicht appellieren, kann werben, bitten, diskret begleiten.

107 Thomas von Aquin, Summa theologiae III, 48. – So sieht es übrigens auch Joseph Ratzinger, Einführung in das Christentum, München 1968, 236: „Der Gestus der alles gebenden Liebe, er und er allein war die wirkliche Versöhnung der Welt."

108 Ausführlicher zu solchen Gründen Hans Kessler, Evolution und Schöpfung in neuer Sicht, 81–115 (Kap. 3: „Der harte, weltanschauliche Naturalismus – warum er zu kurz greift"), sowie Hans Kessler, „Das Konzept Gott – warum wir es nicht brauchen" (Burkhard Müller)? Auseinandersetzung mit einem respektablen Atheismus, in: G. Augustin/K. Krämer (Hg.), Gott denken und bezeugen. Festschrift für Walter Kasper, Freiburg 2008, 512–541. Außerdem Hans Kessler, Gott – warum wir ihn (nicht) brauchen, in: Stimmen der Zeit 134 (2009), 173–187, sowie (verändert und

erweitert) ders., Gott – warum wir ihn (nicht) brauchen. Theologie im Gespräch mit heutigem Atheismus, in: Ch. Büchner/G. Spallek (Hg.), Im Gespräch mit der Welt. Eine Einführung in die Theologie, Ostfildern 2016, 59–83.

109 Ähnliches können viele Krankenhausseelsorger berichten. Und ähnliches gibt es gelegentlich auch ganz ohne (explizites) Gebet. Ein Beispiel: Eine andere Frau, auch Mutter von kleinen Kindern, die Krebs hatte und die die Ärzte aufgegeben hatten, erinnerte sich an früher: Vor dem Examen war sie innerlich so aufgeregt gewesen, dass sie Durchfall bekam (buchstäblich „Schiss hatte"), der seelische Druck wirkte sich körperlich aus. Und sie fragte sich: Warum soll es nicht auch umgekehrt möglich sein, dass eine *positive* innere Einstellung sich positiv auf den Körper auswirkt? Also hat sie daran gearbeitet, ihre innere Einstellung zu verändern – und hat den Krebs besiegt.

110 Huub Oosterhuis, Weiter sehen als wir sind, Wien 1973, 24. – In Meister Eckharts Predigt 16 heißt es: „Manche Leute wollen Gott lieben, wie sie ihre Kuh lieben", wegen der Milch usw.; „die aber lieben Gott nicht recht, sondern sie lieben ihren Eigennutz".

111 Teresa von Ávila, Das Buch meines Lebens. Vollständige Neuübertragung. Gesammelte Werke Bd. 1. Hrsg., übersetzt und eingeleitet von Ulrich Dobhan OCD und Elisabet Peeters OCD, Freiburg 2001, 8,5

Personenregister